三人のブッダ

立川武蔵

春秋社

はじめに

仏教は元来、宇宙原理や神の存在を認めません。それがどのようにして阿弥陀仏《あみだぶつ》や大日如来《だいにちにょらい》、つまり「神」（deity）と呼んでも差し支えないようなほとけを認めるようになったのでしょうか。これが本書の主要テーマの一つです。

いうまでもなく、アミダ（阿弥陀）仏や大日如来への崇拝は大乗仏教において生まれたものです。今日、東南アジアに流布しているテーラヴァーダ仏教（上座仏教）では、シャーキャ・ムニ（釈迦牟尼）が崇拝あるいは礼拝対象となるのであって、アミダ仏や大日如来への崇拝は見られません。

さらに大乗仏教にあってもアミダ仏への崇拝や大日如来への崇拝は異なった時期に発生しています。前者の萌芽は紀元前後にはあったと思われますが、後者がはっきりとしたかたちをとるのは紀元七世紀ころのことです。中国においてもアミダ仏への崇拝つまり浄土教と大日如来への崇拝を中心とする密教は別箇の伝統として発展しました。日本においても浄土教と密教とは異なった伝統として今日に至っています。

　仏教の伝統の中でどのようにしてアミダ仏への崇拝が生まれてきたのかは謎です。師であり船頭であったシャーキャ・ムニの教えから死後の「魂」の救い主であるアミダ仏への崇拝を説明することはきわめて困難です。またブッダの思想から小宇宙（ミクロ・コスモス）としての我と大宇宙（マクロ・コスモス）としての世界との本質的同一性を示すマンダラおよびその中尊である大日如来を説明することもほとんど不可能です。このような大乗仏教において異なった伝統があることをどのように考えるべきでしょうか。

　わたしはこのように考えます。シャーキャ・ムニの教え（仏教）は、あたかも一つの生物のようにその歴史のなかでアミダ仏や大日如来への崇拝を取り入れて成長したのだと。いうまでもなく、仏教が取り入れることのできた伝統は、自分本来のものを破壊しないかぎりにおいてではありました。大乗仏教はアミダ仏や大日如来への崇拝を含むことができるほどに許容力の大きなものだったといえないでしょうか。

　本書のもくろみの一つはシャーキャ・ムニの教え、アミダ崇拝および大日崇拝を含んできた大乗仏教を一つの統一した思想としてとらえることにあります。紀元四世紀ころまでには大乗仏教において三身《さんしん》思想が定着します。三身とは化身《けしん》、法身《ほっしん》、報身《ほうじん》をいいます。化身とは、歴史上実在し、肉体を有したシャーキャ・ムニです。法身とは法そのものを身体とする仏ですが、一般には人の姿では表現されません。報身は肉体はないのですが、姿と働きは存すると考えられています。

シャーキャ・ムニ、アミダ仏、大日如来は後世、ブッダ（仏）の三身と考えられてきました。歴史的にはテーラヴァーダ仏教、浄土教、そして密教というようにかの三人のほとけをそれぞれ尊崇する派あるいは宗派が成立しているのですが、シャーキャ・ムニとアミダ仏と大日如来という三者をひとりのブッダの三つの在り方として捉えることはできないかと思うのです。化身と二種の報身によってブッダの働きの全体像が明らかになると思われます。アミダ仏という報身は世界を否定によって浄化する働きを有し、大日如来という報身が世界を肯定しながら聖化します。ある伝統によれば、大日如来は法身とも考えられますが、この試みでは人格神のみを扱いますので、色形のない法身は重要な考察対象とはなりません。法（ダルマ）そのものは不要ということではなくて、法の具現者であるほとけたちを問題にすることによって法を問題にするという方法を採りたいと思います。

わたしはこれまで仏教における崇拝形態について自分なりに考えてきたことを「仏教の神学」と名付けてまとめようとしてきました。「神学」といいますと、今日ではキリスト教神学の意味に取られてしまいますので、「ブッディスト・セオロジー」と呼んでおります。本書もこの「神学」の試みの一環です。

むろん神学的試みも歴史的展開を無視することはできません。インド仏教史は三期に分けられます。紀元前後までの初期仏教、七世紀中葉までの中期仏教およびそれ以後の後期仏教です。第一の主たる修行方法は禅定《ぜんじょう》であり、第二は初期・中期大乗仏教であり、この時期の仏教では空《くう》思想と浄土信仰が特徴的です。第三の仏教はその重要な要素として密教を含みました。初期仏教はシャーキャ・ムニを尊崇し、浄土信仰はアミダ仏を、密教の代表的如来は大日です。本書では以上に述べたような歴史観に従って考察を進めています。

第一章「ブッダの生涯――一人目のブッダ」は化身シャーキャ・ムニの生涯と思想を扱い、第二章「アミダ仏の出現――二人目のブッダ」は師シャーキャ・ムニとは異なる魂の救済者アミダ信仰をヒンドゥー教のヴィシュヌ崇拝との比較によって理解しようとしています。アミダ信仰を考察する第三章「自分と他者なるブッダ」では、それまでの章とは少しトーンが変わります。基本的には個人の精神的救済を求めるアミダ信仰にあっては「自己」(あるいは自分)とは何か」が問題となるからです。第四章「ブッダとアミダ仏」および第五章「帰依の構造」では「自己」の考察を踏まえてアミダ信仰の構造を扱っています。第六章「帰依と真言――『般若心経』の方法」は『般若心経《はんにゃしんぎょう》』における真言が、アミダ信仰における称名と同じ構造を有しており、アミダ信仰から密教の真言への過渡の例として考えられることを述べています。

第七章「大日如来の出現――三人目のブッダ」は、まず世界を超越するアミダ仏とは対照的に世界に内在する密教仏大日が登場してきた歴史的状況について述べます。密教ではマンダラが用いられますが、この章ではマンダラの成立と構造も取り扱われます。マンダラとは聖化された世界を意味します。全世界がそのまま大日如来ではありませんが、マンダラの中尊としての大日如来は宗教的実践を続ける「個体」（自己）であるとともに「個体」によって聖化された世界でもあります。第八章「聖なる世界のシンボル――アジアの神々と仏塔」は、アジア諸国にあってはキリスト教におけるような「大いなる神」が存在しないことを述べた後、立体的マンダラと考えられる仏塔のシンボリズムを扱っています。後世、仏塔は世界のシンボルともなり、大日如来などのほとけの姿でもあると考えられました。

第九章「現代仏教の世界観」では、これまでの考察を踏まえて「仏教は近現代の自然科学さらには今日の自然破壊に対してどのようなブッダ観や自然観を有するべきか」を考えます。現代人にとってもっとも重要なことは「欲望の制御」です。人間たちは欲望を達成することは善きことである、と特にこの二、三世紀、考えてきましたが、今日、わたしたちはその基本的な態度を変えざるをえません。人類は自分たちの欲するままの行為に「否定の手」をのべるべきです。この「否定の手」は仏教の根幹の一つである空思想に基づいています。かの三人のブッダの働きの根底には空思想があります。第九章は空思想が、近代科学が得た世界観にどのように向き合うべきか、自然の運動をどのように理解すべきかを考えています。

このように本書はシャーキャ・ムニ、アミダ仏、大日如来という三人のブッダへの崇拝形態を一貫した理論によって捉えることを目指しています。さらにその崇拝形態の根底には空思想があり、今日の歴史的状況の中で空思想にどのような意義があるかを問います。

本書におけるいくつかの章は『在家仏教』(在家仏教協会)に発表された以下のものに基づいています。

第一章「ブッダの生涯―いのちの終わる時―」『在家仏教』二〇一六年一二月号、四二―六一頁

第五章 第一―二節「他人がいることの意味」『在家仏教』二〇〇五年六月号、四六―五〇頁

第六章「『般若心経』の真言について」『在家仏教』二〇一四年九月号、三四―五五頁

第七章「マンダラとは何か」『在家仏教』二〇〇七年九月号、一二―三〇頁

ここに再録することを許可していただいたことに感謝いたします。またタイトルおよび内容に大幅な変更を加えたことも申し添えます。

本書の執筆には、思いのほかというか案の定というか、時間がかかってしまったのですが、辛抱強くお待ちいただいた春秋社の皆様には厚く御礼申し上げます。特に内容、編集にわたっ

てかじ取りをいただいた編集部の豊嶋悠吾氏にはここに記して感謝の念を表したいと思います。

二〇一九年六月

立川武蔵

三人のブッダ　目次

三人のブッダ

第一章　ブッダの生涯——一人目のブッダ

1　偉大な思想家たちの時代

インドの精神文化史は六期に分けることができます。第一期はインダス文明の時代です。紀元前二五〇〇年ごろから紀元前一五〇〇年ごろまで、インダス川流域に都市文明が栄えていました。これは後にこの地に侵入したアーリア人たちとは別の文化、言葉、宗教を有する文明ですが、その実態はよくわかっていません。

第二期はバラモン教の時代です。アーリア人はドイツ語、英語などと同じ系統の印欧語を話す民族であって、今のパンジャプ地方つまりパキスタン北部から西北インドにかけて紀元前一五〇〇年ごろに移住してきました。彼らはヴェーダという聖典を持つようになったのですが、ヴェーダとは知識という意味であり、主として儀礼の時に神に呼びかける賛歌を集めたものです。今日、いくつかのヴェーダ聖典が残っていますが、最も有名なものに『リグ・ヴェーダ』があります。この聖典は日本文学で言えば『源氏物語』ほどの大きさですが、かつてはこの何倍もあったと考えられます。

インドに定住したアーリア人にとってブラフマン（梵）は決定的に重要なものでした。ブラフマンとはもともと言葉という意味です。例えば、儀式で唱える「オーム」というような呪力のある言葉のことです。このような神々をも喜ばすことのできるような力のある言葉を儀式で専有している歌い手が、後にバラモン階級に成長していきます。ブラフマンを有する者がブラーフマナ（バラモン僧）と呼ばれました。こうした儀礼を重んずる宗教をバラモン教（ブラーフマニズム）と呼んでいます。

紀元前五世紀ごろになると状況が変わります。西北インド侵入後、アーリア人は一〇〇〇年近くかけて東インドへ開拓をすすめていきました。ヴァーラーナシー（カーシー、ベナーレス）のような都市ができ、都市生活者の数も増えました。都市に住む者たちは生活に時間的余裕ができて、自分とは何か、人はなぜ死ぬのかといったことを考えるようになったのです。紀元前五〇〇年ごろにはガンジス川中流域を中心として商業が盛んになり、アーリア人とは別の種族も勢力を持ってきます。これは非アーリア系のゴータマ・ブッダが生まれた歴史的条件の一つと考えられます。仏教が有力であったこの時代が第三期です。

世界的規模で見ると、この時期に偉大な思想家が現れています。中国の孔子《こうし》（紀元前五五一～四七九）やギリシアのソクラテス（紀元前四六九～三九九）です。ブッダの生没年ははっきりとしていなくて、伝承により一〇〇年ほどの開きがありますが、紀元前四六〇年頃から三八〇年頃の間であろうと考えられています。この三人は個々人の魂の問題を浮かび上がらせました。ドイツの哲学者カール・ヤスパースは、人類の精神史の中で特別な位置を占めているこの三人が出た時期（紀元前八世紀から紀元前二世紀までの時期）を「枢軸《すうじく》時代」と呼んでいます。ヤスパースはこの時代に培われた考え方が現代のわたしたちの考え方の基礎になっているというのです。

しかし、孔子・ソクラテス・ブッダの思想と、後のイエスのそれとはかなり違うと思われます。孔子たちの三人は神に自分の魂を託すというようなことはありませんでした。ブッダは基本的にヨーガ行者であり、孔子は天について語ったのですが、特定の人格神に帰依している人ではなく、ソクラテスも神に自分の心身を委ねた人ではありませんでした。一方、イエスは天地を創造した神との「交わり」の中に生きていました。自分自身の行為や知力などに頼るのではなくて、神という他者への帰依を持ち続けたのです。このように、孔子たちの三人の生き方とイエスのそれとは異なっています。またイエスの信仰が紀元前の『旧約聖書』に説かれた信仰に根を有していたことはいうまでもありません。

仏教の阿弥陀《あみだ》信仰は紀元一、二世紀ごろに生まれました。この信仰のあり方はそれまでのブッダの説いた修行方法とはかなり違います。ヒンドゥー教においても、人格を有する神と対話をしながら死後の魂を託すという信仰がやはり一、二世紀ごろに現れてきます。こうした信仰のありかたは、それまでのインドにはなかったものでした。この新しい崇拝形態には西アジアからの間接的な影響があったのではないかと思われます。そのような仮説を歴史的に立証することはいまのところできませんが、当時のインドの宗教における変化はインド以外の地からの原因によるものと考えたほうがよいと考えられます。

だからといって、阿弥陀信仰は仏教ではないというわけではありません。仏教は阿弥陀仏を中心とする浄土教や大日如来への信仰を中心とする密教を含んだからこそ内容の豊かなものになったのではないでしょうか。「仏教」とは言葉通り「ブッダの教え」を意味するのですが、今日、東アジアでは一般にわれわれが「仏教」という場合はゴータマ・ブッダの思想・実践のみを指しているのではなく、阿弥陀信仰や密教を含んだ形態を仏教と呼んでいます。本書においても「仏教」という語をそのように用いようと思います。

2　カースト制を外れた仏教

仏教とブラーフマニズム（バラモン中心主義）との違いとは、第一に仏教は、ブラーフマニズムの聖典ヴェーダの権威を認めないことです。ブラフマン（梵）という呪力のある言葉も認めませんし、後世、ブラフマンは宇宙原理と考えられるようになりますが、そのような宇宙原理といったものの実在性も仏教は認めません。

カースト、つまり、僧侶・武士・庶民・隷民といった身分制度の四階級それぞれの名称は『リグ・ヴェーダ』の中の紀元前一〇〜九世紀ごろの編纂と思われる部分に出てきます。しかし、カースト制度が実質的に社会の枠組みになったのは千数百年後の紀元六世紀ごろなのです。しばしばブッダはカースト制度に反対したといわれますが、当時、いわゆるカースト制度はまだ社会の中で実質的な社会の枠組みとして確立されていたわけではありませんでした。ただ仏教の僧侶となるためには家を出なければなりませんでしたから、当時のバラモンを中心とした社会の秩序から外れるという意味の「反対」であって、ヴェーダ聖典に基づいた儀礼を行っていた当時のバラモン中心主義を正面から批判・攻撃したというわけではないのです。初期仏教の経典のなかでは「バラモン」という言葉はしばしば「紳士」というほどの意味に用いられています。

紀元四世紀頃までインドの商人はローマ世界との交易を続けることによって財を蓄積することができました。しかし、西ローマ帝国が五世紀半ばに滅び、六世紀にグプタ王朝が滅んでしまうと、それまで勢いを持っていた商人たちが没落し、インドは農村を中心とした世界に戻っていきます。七世紀ごろから一二、三世紀ごろまでは、ヒンドゥー教優勢の時代が続きます。これが第四期です。

一三世紀初頭からイスラム教徒による政治支配が始まり、一七世紀半ばまでに全インドがイスラム教徒の政治的支配を受けることになります。これが第五期で、一九世紀半ばまで続きます。一七世紀からはイギリス人による植民地支配が行われたのですが、一九世紀半ばにはイギリスの植民地支配およびイスラム教徒による政治的支配を逃れ、ヒンドゥー教復興を目指す時代となり、インドは独立し現在に至っています。これが第六期です。

3　列国が争う中でブッダ誕生

一説によれば、仏教教団は釈迦《しゃか》の死から一〇〇年後のアショーカ王の時代に大きく二つに、つまり、上座部《じょうざぶ》（テーラヴァーダ仏教）と大衆部《だいしゅぶ》（マハーサンギカ）に分裂します。この分裂の原因は、金銭の授受を受けることをよしとするか、しないかということだったといわれますが、この後、上座部仏教は一一の部派及び大衆部系の仏教は九の部派に分かれて、いわゆる小乗二〇部といわれるように分裂したのです。これらの部（部派）の伝えた経・律・論の三蔵の教説が部派仏教といわれます。部派仏教の中の代表的なものは上座部仏教系の説一切有部《せついっさいうぶ》、同じく上座部仏教系の正量部《しょうりょうぶ》さらには南方インドの大衆部などがあります。これらの中で後世、特に大乗仏教の批判を受けたのは説一切有部でした。この部が大きな教団であったからでしょう。

部派仏教は「小乗仏教」とも呼ばれたこともあったのですが、これは大乗仏教からの蔑称でもあるため今日では小乗仏教という言葉は用いられません。上座とは長老のことであり、上座部は保守的な伝統的な教説を保持し、一方の大衆部は革新的でした。

この部派仏教に対して紀元前後に大乗仏教が台頭してきます。自分の悟りだけではなく他者が覚者となることも視野に入れるという意味で「大きな乗物」（マハーヤーナ）を名乗ったのです。大乗仏教の中に紀元五世紀ごろから密教（タントリズム）が生まれてきます。七世紀ころから仏教は徐々に勢力を失い、一三、四世紀ごろには主としてイスラム教勢力増大によって仏教はインドから消滅します。

話をブッダの時代に戻しましょう。ブッダの時代には北インドからデカン高原にかけてのガンジス川中流域で、十六大国が覇権を争っていました。この地域には部族共和制の国と王が支配する国の二種類がありました。部族共和制の代表はリッチャヴィ国で、この国は後にマガダ国のアジャータシャトル王によって滅ぼされます。ブッダの生まれたシャカ族は、十六大国に数えられるほど大きい国ではありませんでしたが、部族共和制をとっていたと考えられます。シャカ族の国はブッダが亡くなる少し前に、隣のコーサラ国によって滅ぼされます。こうした列国の争いの中でブッダは説法を続けたのです。

ブッダはルンビニーで誕生します。なぜ出産間近のマーヤー夫人がこの地に赴いたのかはよくわかりません。出産のために夫人自身の故郷へ行く途中だったというのが一般の解釈ですが、夫人は出産して七日後に亡くなったといわれます。七という数字は常套的な言い方で、とにかく産後まもなくして亡くなったということでしょう。太子が育ったカピラヴァストゥがどこであったかは長年疑問であったのですが、現在ネパール領のティラーウラコットとインド領のピフラハワとが候補地としてあがっています。

4　ゴータマは氏族の名前

ブッダとは悟った者という意味で、悟った後でそう呼ばれたのです。釈迦はシャカ族の人という意味です。経典には世尊《せそん》（バガヴァッド）といういい方が出てきますが、これも尊称ですから姓名ではありません。ブッダはゴータマとかガウタマ（ガウタム）とも呼ばれます。これは氏族の名で、われわれのいう名字に当たります。ゴー（ガウ）は牛でウッタマは「最高」のという意味ですから、ゴータマは「最高の牛」ということになります。ちなみにインドにおいて牛に譬えられるのは良い意味においてです。シャカ族はバラモン系ではないのにもかかわらず、ゴータマという明らかにバラモン系の名前を有しています。おそらくバラモン系の言葉を一族の名前として用いたのでしょう。ブッダ個人を指す名としてはゴータマ（あるいはガウタマ）がわれわれに知られているのみです。ブッダはようするに田中さんとか鈴木さんというように家の名で呼ばれていたのです。

ではシッダールタ」という名はどうでしょうか。シッダは「完成した」という意味で、アルタは「目的」という意味です。ですから「目的が完成した者」ということです。ところが紀元前にこの名前を使った文献はないと思われます。この名はブッダの生きた時代から五〇〇年ぐらい後、紀元二世紀ごろの馬鳴《めみょう》著『ブッダ・チャリタ』（仏所行讃）で使われたのが最初だといわれています。それゆえ、ゴータマが姓でシッダールタが名だといわれることがありますが、それは正しくないと思われます。

ブッダは、母親のマーヤーがルンビニーでアショーカの木の枝をつかんだ時に彼女の右脇から生まれたといわれています。脇から出てくるというのは武士階級の出身であることを表しています。枝をつかむというのは脇から赤子が生まれる場面を描くには都合がよいのですが、アショーカという樹は一般に高木で、人間が枝をつかめるような樹ではありません。アショーカという語は「憂いのないもの」という意味で無憂樹《むうじゅ》と訳されてきました。「憂いの無い誕生」という意味をこめて、あのような太子誕生の伝承となったのでしょう。そのほかに、仏伝『方広大荘厳経《ほうこうだいしょうごんきょう》』（ラリタヴィスタラ）には、太子はプラクシャ樹（*Ficus infectoria*, 別名、ビンドゥラ樹）の下で生まれたとあります。

亡くなったマーヤーの代わりにその妹のマハープラジャーパティーが養母となってブッダを育てます。この人もガウタミー（ゴータマ族の女性）と呼ばれました。そこからもガウタマ（ゴータマ）が一族の名前だったことがわかります。ブッダの後半生にアーナンダ（阿難）が従者となっていましたが、ブッダの従弟にあたる彼もまたゴータマと呼ばれました。ところが父親のシュッドーダナは、シュッダが「きれいなもの」という意味で、オーダナは「ご飯」のことですので、浄飯王《じょうぼんのう》と訳されます。この父親はゴータマの名では呼ばれていません。ゴータマ出身のマハープラジャーパティー妃に育てられた太子は父方の名では呼ばれなかったのです。

5　四門出遊で出家を決意

ブッダが出家前の太子であった時の、四門出遊《しもんしゅつゆう》という有名なエピソードがあります。ある日、東の門から城外に出た時には老人に会い、誰でもいつかは老いると知って意気消沈して帰ってきます。次の時に南の門を出て病人に会いますが、また別の時に西の門を出た時に死者の葬列に会います。その後、北の門を出た際に出家修行者に会って出家を決意したという話です。この話は創作でしょうが、太子が憂い多き青年であって、老病死について考え悩んでいたということは確かでしょう。後にブッダが弟子たちに語った中には、自分は城の中で幸せな日々を送っていたと語る一節があることも事実です。

ブッダは一六、七歳でヤショーダラーと結婚します。当時のインドでは早くはない年齢だと思われます。ヤショーダラーとは「名声（ヤショー）を有するもの（ダラー）」という意味です。二人の間に生まれた息子はラーフラと名づけられました。インドではラーフと呼ばれる星が日食や月食を起こすと考えられてきました。日本人は日食や月食を面白がって見ていますが、インド人は不吉だといって嫌がります。従来、ラーフラの最後のラは愛称で、「ラーフちゃん」というような命名の意図が不明な名前だとされてきたのですが、そうでなくて、ラには殺すものという意味もあって、ラーフを殺すもの、退治するものとよい意味に解釈されるようになっています。

太子は妻と息子を捨てて出家します。ヤショーダラーは当然、嘆き悲しみます。ところがこ

図1—1　眠る妃に別れを告げる太子（写真左）（アーナンダ寺院、バガン、ミャンマー）

の後、ヤショーダラーの消息はぷっつりと途絶えます。彼女について資料は何も語ってくれません。一方の養母のマハープラジャーパティーは尼僧になっており、かなりのことが分かっています。ブッダは故郷に帰るたびに次々と一族の者を引き抜いて出家させてしまいます。ブッダは在家の生活を捨てながらも、かつての家族や親類の者のことを常に考えられていたようです。息子のラーフラは出家し、ブッダが亡くなられた時までは生きていたという伝承もあります。

太子の出家の際には、すでにラーフラが生まれていたという説が一般的です。ミャンマーのバガンには一一世紀末バガン（パガン）王朝第三代の王チャンズイッターによって建立されたアーナンダ寺院があり、そこには母親と添い寝するラーフラの枕元で悩む太子の像が見られます（図1—1）。ほかに身ごもっていた妃を捨てて太子が城を出て、後になって息子が生まれていたのを知ったという伝承もあります。

6　四五年にわたり伝道の旅

ブッダの生涯にとって大事な場所は以下のような八大聖地（霊場）として数え上げられます（図1―2）。もっともこれらの八つの土地が聖地として数えられるのは近年になってからです。幾つかの聖地の比定は最近になってからです。ただ悟りの地ブッダガヤーのみは釈迦の時代以来聖地として人々の記憶にありました。以下の1から8までの番号はいうまでもなく便宜上付けられたものです。

1　誕生の地ルンビニー
2　悟りの地ブッダガヤー
3　初回説法（初転法輪《しょてんぼうりん》）の地サールナート
4　布教の拠点ラージャグリハ（王舎城《おうしゃじょう》）
5　サヘート・マヘート（祇園精舎《ぎおんしょうじゃ》・舎衛城《しゃえじょう》）
6　サンカーシャ（忉利天《とうりてん》での説法を終えてブッダが降りてきた所）
7　最後の安居の地ヴァイシャーリー

8　涅槃《ねはん》の地クシナガラ

北のルンビニーから南東のブッダガヤーまでは約数百キロです。この距離をブッダは説法のため歩いたことになります。これはかなりの道のりです。雨期以外の時期はひとところに留まらず、八〇歳になるまで四五年間歩き続けたのです。

ブッダガヤーやヴァーラーナシーから南側、ラージャグリハから東側、そしてルンビニーから北側へは、つまりガンジス河中流域から外へはブッダは歩かれていないようです。その理由としては、ガンジス河中流域から外側はバラモン勢力の強い地域であったことが考えられます。不必要な衝突を起こさないために、地域を決めて行き来していたのでしょう。

ブッダは出家し、修行し、悟りを開き、説法しました。この四つがブッダにとって大事な出来事です。もう一つ加えるとすれば、人生の最後に涅槃に入ったことです。ブッダは悟った後、四五年の間、説法して歩きました。当時の僧侶は一カ所に逗留してはならないとされていました。托鉢などでその地域の住民に負担をかけてしまうなどの理由からです。ブッダは常に大勢の弟子を引き連れて歩いたというわけではありません。同行者はせいぜい数人ということが多かったようです。

ただし、ブッダと弟子たちは雨期の間は移動しませんでした。実際に足元が歩きにくいということもあったでしょうし、雨期に地上に這い出てくる虫などを踏み潰さないようにという配

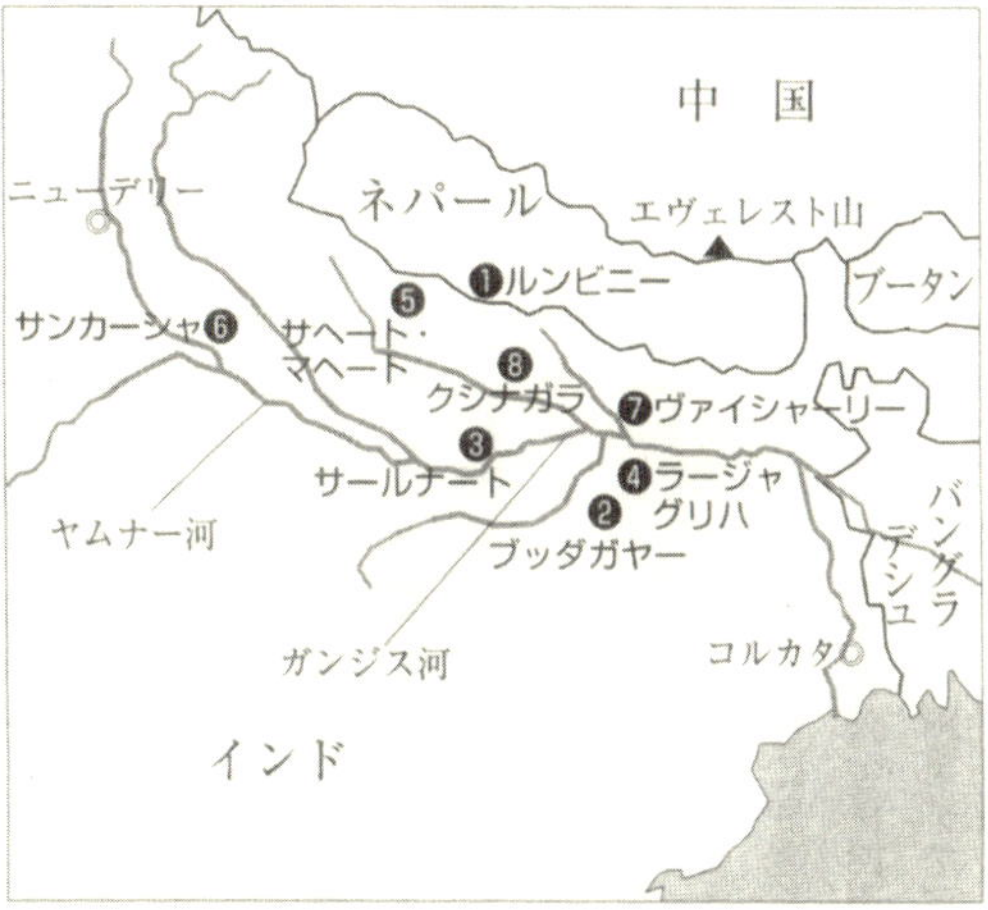

図１－２　ブッダの八大聖地

図１－３　太子出城のとき、馬の蹄を天たちが支える。（アーナンダ寺院、11世紀、バガン、ミャンマー）

図１－４　釈迦初転法輪の地サールナートにおける僧院の跡

図１－５　釈迦入滅の地に建てられた仏塔（クシナガラ、パトリア提供）

慮もあったのでしょう。雨期の三カ月間は一つの場所にとどまって説法を聞いたり瞑想したりするというならわしが今日でも安居《あんご》という伝統として東南アジア、東アジアさらに日本に残っています。

祇園精舎《ぎおんしょうじゃ》は、雨期に安居をするための宿舎としてコーサラ国の太子ジェータと資産家スダッタがブッダたちに寄進した施設です。ある研究によると、この精舎は四五年の間に二三回も使われたといいますから、よほどブッダのお気に入りだったのでしょう。

ブッダの行動範囲の西のはずれにサンカーシャ村があります。ここは、ブッダがいなくなってしまったことがあって、弟子たちが大騒ぎしていると、突然、ブッダが現れたという伝説の場所です。四角柱の形の須弥山《しゅみせん》の頂上も四角の平面になっており、この中央に帝釈天《たいしゃくてん》が住み、周囲に三二天（神）が住みます。これらの三三神の住む場を「三十三天」（忉利天《とうりてん》）といいます。ここには衣服、米穀などの市場がありました。この忉利天から帝釈天（インドラ天）の命で作られた三つの階段を下りて戻ってきた（三道宝階降下）と伝えられています。伝説では、亡くなった母親のために忉利天に昇っていって説法して戻ってきた地がここだといわれているのです。サンカーシャ村は、先に述べた釈迦の伝道領域をかなり西に外れており、この村がブッダの布教の拠点になったことはありません。説法の旅の途中で何か考えるところがあって、ブッダが誰にもいわずに姿を隠すようなことがあったのではないでしょうか。しばらく一人で考えて、ひょっこりと現れた。それがこのような伝承になったとも考えられます。

その真偽はともかく、この言い伝えで重要なことは、ブッダが亡くなった母親のために説法をしたと伝えられていることです。この伝説が仏教における祖先崇拝の根拠のひとつになっています。インド仏教は祖先崇拝の儀礼をそれほど熱心に行ったとは思えませんが、この伝説が中央アジアを通って中国、朝鮮半島そして日本へと伝えられた間に、仏教と祖先崇拝との結びつきを強める根拠の一つとなりました。ブッダの心の中に亡くなった母親へと強い思いがあったことは事実でしょうが、ブッダ自身が祖先崇拝の儀礼を人々に対して勧められたことはなかったと考えられます。

7　一人ひとりに世界がある

ここでブッダの世界観について考えてみます。「世界観」といっても、ブッダは太陽や星があり、山と川があり、生類がいるといった世界観（宇宙観）を有しながら自分の教説を述べたわけではありませんでした。彼はそれぞれの人が自分の感覚器官を通じて得た情報を再構成してそれぞれの人の世界（周囲世界）と考えているという立場を採りました。そういった周囲世界は五つのかたまり（五蘊《ごうん》）から成り立っていると考えられたのです。五蘊とは、色《しき》、受《じゅ》、想《そう》、行《ぎょう》および識《しき》をいいます。

「色」とは、いわゆる物質です。われわれの感覚で見ることができる対象、およびわれわれの感覚器官も含めます。ここで重要なのは、色とはいろ・かたちあるものばかりではなく、いろ・かたちがなくても、色のグループの中に入る場合があることです。例えば、古代インドでは視覚器官とは眼球と考えられていません。わたしが今、机を見ているとすると、わたしの眼球に載っている光が、そこへ至って戻ってくるので机が見えると考えられています。この目の光が感覚器官なのです。眼球は目の光が載っている場所にすぎません。この目の光も色なのです。このような意味でいろ・かたちがなくても色である場合があります。

第二は「受」です。ドライアイスに触りますと、冷たいと思う前に、パッと手を離します。あるいは熱せられた鉄を手で触ってしまったようなときに、「これは熱くてこのままにしているとやけどをするから手をはずそう」などと考えません。「熱い」と思うまもなく手を離します。「熱い」の「あ」くらいの状態を、受というのです。ただし、後世、ブッダが亡くなって三、四〇〇年経ちますと、熱いとか冷たいとかという感触そのものを受とする解釈が生まれてきました。

第三は「想」です。例えば、真っ暗な中で何かを見た場合、カーテンか、それとも人かと思う。あっ、カーテンか、人でなくて良かった、というときの、カーテンの「カ」くらいのところを想というのです。「受」の場合と同様、後世には、水、ペン、カーテンというような単純な観念のことを想というようになります。

「行」は後回しにするとして、五番目「識」は認識です。「これはカーテンである」、「これは人ではない」と明確に認識する、これが「識」です。残りのものはすべて四番目の「行」に入れるという約束ができています。したがって、記憶とか、意欲とか、感性などは行のグループに入ります。

第一の「色」が物質的世界であり、第二から第五までの「受・想・行・識」が心的世界です。仏教はこれらの五構成要素の集合としての「世界」を考えます。すでに述べたように、ブッダは、山とか河とか星といった森羅万象が実在するという考え方に立って世界を考えたのではありませんでした。ブッダは、われわれがおのおの持っている感覚器官によって見た外界、感覚や単純観念、意欲や記憶、そして認識といった心的働きによって再構築した周囲世界を世界と考えたのです。地球があって星があるというような観点から世界を考えませんでした。このような周囲世界の把握の仕方は仏教史を通して世界観の基本となっています。

このように自分の感官が捉えた周囲世界を世界と考えるという発想のもとでは、人は自分一人のことに関わることになりがちです。一方、キリスト教世界にあっては、自分がいて隣人がいて、皆が共に神の前に立つと考えますから、教会、共同体、社会などのことを踏まえて行動することになります。それと対照的に仏教の場合は、自分と仏というういわば一対一の関係が重要になります。このことも一因となったのでしょうが、仏教では「人々が社会を営んでいる」という意識は薄くなります。しかし、現代の仏教では、一人が仏に向かっているという意識ではなく、人間が憎しみあったり戦いあったりするのはすべて仏の前である、という自覚をより強く持つことが重要になります。

仏教では苦《く》・集《じゅう》・滅《めつ》・道《どう》の四つの真理（四聖諦《ししょうたい》）を説きます。苦とは、身体の部分が痛いという意味というよりは、悪い運という意味といった方が正確でしょう。苦の原語の「ドゥッカ」は悪いあるいは少ない分け前ということです。ようするに、死ななければならないという運命をいいます。集とは、このような「苦」の状態が生まれた原因を意味します。苦と集は世界認識です。滅とは、そのような「苦」の世界がなくなった状態です。つまり、涅槃のことです。道はそのような目標に達するための手段です。われわれの行動はすべて現状認識と目的と手段の三つの要素よりなりますが、このブッダの教えでは現状認識を二つに分けていますから、四つの真理（四聖諦）が数えられます。

8　冷徹な縁起の考え方

　ブッダが縁起説をとなえたことは確かです。ブッダは悟りを開いてからサールナートへ行き、かつての仲間だった五人の比丘《びく》に初めての説法をします。これを初転法輪《しょてんぼうりん》といいます。その内容はどのようなものであったかはよく分かりませんが、後になって整理されたのが次に述べるような一二の項による縁起の説明です。ブッダ自身がこれらの一二の項目を現在残っているかたちそのままに述べられたという説と、ブッダの縁起説はより簡略なものであったが、それが後世、整備されたという説があります。わたしは後者であったろうと思っています。

1　無明《むみょう》（迷い。文字通りには知〈明〉の欠如）
2　行《ぎょう》（形成力。一つのまとまりとしての自己を形成しようとする勢い）
3　識《しき》（認識）
4　名色《みょうしき》（名称と対象）
5　六処《ろくしょ》（眼・耳・鼻・舌・皮膚〈身〉・意、すなわち感覚器官）
6　触《そく》（対象と感覚器官の接触）

7　受《じゅ》（好悪、寒暖の感じ）
8　愛《あい》（渇愛、苦楽の感受のうち、楽のものに対する強い欲求・熱望）
9　取《しゅ》（執着、8の愛は心の作用であるが、これは実際行動）
10　有《う》（業《ごう》により形成された総体。愛は1の無明に、取と有は2の行に相応する）
11　生《しょう》（生まれること。10の有から新しい生が生まれること）
12　老死《ろうし》

無明（1）は迷いです。迷いから生じる行（2）とは自己の形成に向けての勢いのことです。それから認識（3）が生じ、それから名称と対象（4）が生じ、それによって感覚器官（5）が働きます。それによって対象（6）に触れることがあり（7）、それから渇愛（8）が生まれ、それによって執着（9）が生まれます。執着から有（10）が生まれますが、そのころはそれまで取り入れたもので自己という器は満杯になります。次の生（11）は意味がわかりにくいのですが、後に述べるように、未来に生まれることという解釈もあります。最後が老死（12）です。このように（1）から（2）が生じ、（2）から（3）が生じ……（12）が生じると考えるのが十二縁起の基本的な考え方（順観）です。

後世はこの十二支縁起は過去、現在、未来の三世にわたるものと考えられました。つまり、

（1）と（2）は過去世の原因、（3）から（10）までが現世における結果と原因、（11）と（12）は来世における結果というのです。ブッダが生存中に三世にわたる原因結果関係を自分の教説の中心に据えたとはわたしには思えません。またある解釈によれば（1）から（10）までが現世のこととし、最後の（11）と（12）を来世とします。いずれにせよ、わたしはブッダの教説は現在の十二支縁起説と比べてより簡潔なものであったと考えています。

先ほど述べた順観とは、項（支）の間の方向を逆にした別の理解もあります。すなわち（1）がなくなれば（2）がなくなり、（2）がなくなれば（3）がなくなり……（12）がなくなるというのが、もう一つの実践的な考え方（逆観）です。初期仏教経典ではこの二つの方法がほとんどの場合セットとして語られています。

この通りの縁起説をブッダが説いたか否かは別として、これがもし老死の項の次に（13）として、浄土とか天国とか、悟りとか救いというような項目があったのならば、双六《すごろく》のように上がりとなって分かりやすいでしょう。しかし、第（1）から第（11）までの項がみな俗なるものであって救いもないまま、最後が老死というのは、この十二縁起の大事なところです。ブッダの説法には冷徹なところがあります。

例えば、無明が実際には良いもので、老死の後で無明に帰っていくという考え方があるとしましょう。そのような考え方はヒンドゥー教にはあります。しかし仏教はそのようには考えません。迷いから始まって死に終わるということなのですから、そこに行けば人は救われるというような場はどこにもないのです。これが「一切は苦だ」という現実です。

ではどうすればよいのか。結論は「静かに死ね」ということのようです。これはいささか乱暴ないい方かもしれません。しかし、「死が運命だ」と知ったとき、これまで救いのない「俗なるもの」と思われていたもろもろの項（支）が良き「聖なるもの」としてよみがえるとブッダは説いているように思われます。われわれの生存のほとんどは、迷い、渇愛、執着などによってなりたっているのですが、それらが否定されることによって、われわれの生存がかけがえのないものとして再生するといわれているのです。ブッダは人間の生存を価値のないものと考えられていたとは思えません。われわれは「死」へとむかっている生存ですが、あるいはそれだからこそ老死に向かう生存がいとおしいものだといわれているようです。われわれの日常のあり方は煩悩に満ちています。しかし、それを否定する努力を重ねることは可能です。それをブッダは身をもって示したのです。

9　説法しながら涅槃に至る

紀元四世紀ごろまでに完成した『宝性論《ほうしょうろん》』という論書の中に、ブッダの生涯の軌跡が一四

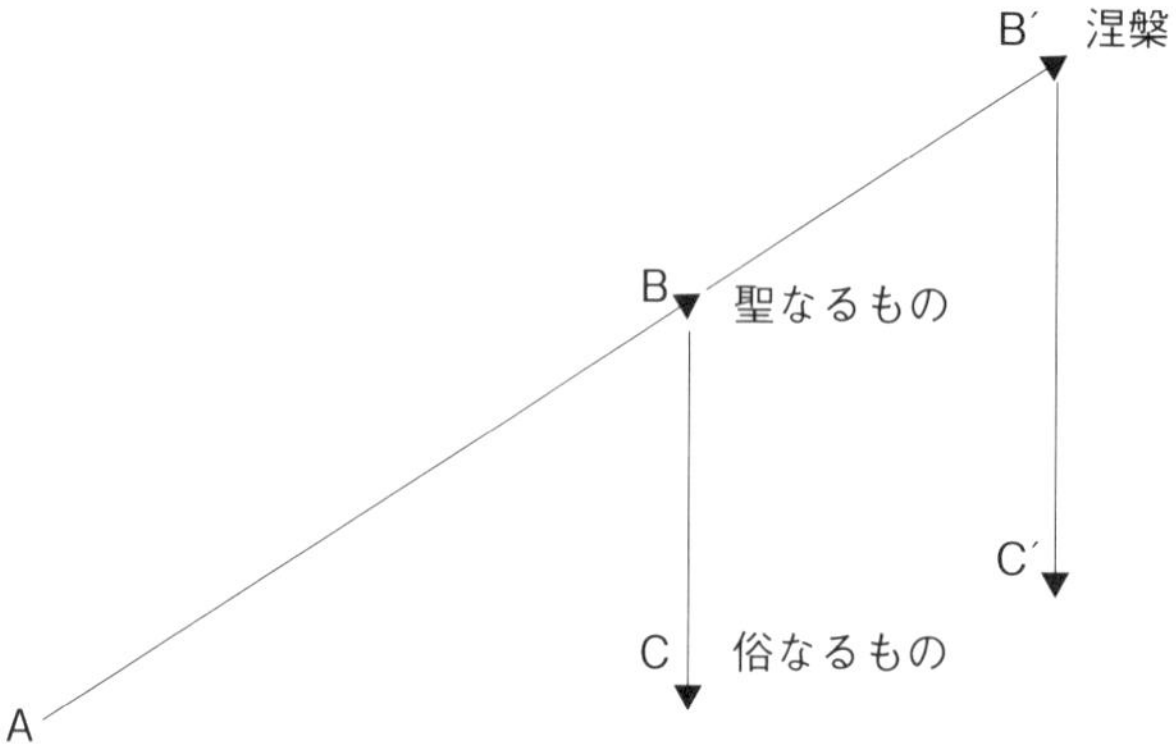

図1－6　ＡＢＣ三点の図。ブッダの生涯を示す。

の項目でまとめられています。

1　種々の本生（過去世）
2　兜率天《とそつてん》に生まれること
3　そこからの降下
4　入胎
5　誕生
6　学芸に通じること
7　後宮における遊び
8　出城
9　苦行
10　菩提座に登ること
11　魔の退治
12　悟り
13　説法
14　涅槃

興味深いのは『宝性論』において、ブッダはかの1から14までのサイクルを「多くの穢土《えど》において、輪廻《りんね》の続く限り、現ずる」と述べられていることです。つまりブッダが輪廻の中で幾度も生まれかわり、人々を導くのだというのです。後世のチベット仏教でも「涅槃の様相を示す」といういい方をします。2の兜率天に生まれ、そこから人間界に降りてくるという伝承は重要です。明らかに『宝性論』以前の成立であり、三世紀頃までには成立していたと考えられる『無量寿経《むりょうじゅきょう》』にもブッダの兜率天からの降下が述べられていますので、この頃にはブッダの兜率天から人間界に降りてくるという伝承はよく知られていたと思われます。弥勒《みろく》が兜率天から下生《げしょう》するという伝承は『無量寿経』より古いものですが、『宝性論』などに見られる後世の仏伝には弥勒崇拝の影響があるのではないかと思われます。

図1―6を見てください。ブッダは出家して（A）修行をして悟りを開く（B）。そして俗なるものである人々（衆生）に対して説法をします（C）。悟った後、ブッダは元の俗なるものに戻ってしまうのではなく、悟り（B）の延長線上の方向（AからBへの方向）に昇って行きます（B′）。その歩みは四五年間続きました。ある説によれば、ブッダ臨終時の説法（C′）は、悟って説法を始めた頃（C）よりも深まっているとのことですが、おそらくそうだったろうとわたしも思います。

出家し（A）修行して悟りを開き（B）、説法をしながら（C）人々への説法を涅槃に至る時

（B′）まで続けます。ブッダの最後の説法（C′）とほとんど同時に涅槃があります。この図ではブッダの涅槃はB′とC′を結ぶ垂直線です。AからC′までの軌跡がブッダの生涯なのです。

このブッダの生涯のパターンは仏教史の中で形を変えながら現れます。分かりやすいのは阿《あ》弥《み》陀《だ》仏の「生涯」です。法蔵《ほうぞう》菩薩《ぼさつ》が世《ぜ》自《じ》在王《ざいおう》仏のもとで出家し、願を建てて五劫《こう》という長い間思惟して本願を成就し、ついに阿弥陀仏になります。これはまさにブッダの生涯の浄土教的な解釈です。こうした考え方は密教にもあります。大日如来もはじめは修行者で、大日如来となって奇跡（神変《じんぺん》）を現して人々を救う。これはブッダの生涯の密教ヴァージョンと考えられます。

10　信仰対象としての仏塔

ブッダが亡くなられる際にアーナンダが、ご遺体はどういたしましょうと尋ねます。遺体と遺骨の原語はともに「シャリーラ」なので、どちらを指すかはよく分からないのですが、とにかく師が亡くなられた後、ご遺体（あるいは遺骨）はどういたしましょうかと弟子がブッダに聞いたところ、ブッダは出家したお前たちは葬儀に関わるな、といわれたと伝えられています。葬儀は村の人たちがやってくれるからという理由でした。このように、ブッダは葬儀が行われること自体に反対していたわけではなかったようです。

ブッダが亡くなられると周囲から八つの部族が集まって盛大な葬儀が行われました。経典の中でブッダを荼毘《だび》に付す場面を読みますと、火葬が終わるころになって香水をかけるなど、遺骨を残すための方法をもともと考えていたようです。その遺骨を分けて仏塔にまつりました。当初の仏塔は土饅頭のかたちの上に平頭《へいとう》（当初はおそらく樹木を植えた際の柵）をのせたものでした。この時から現在に至るまで、仏塔はブッダの涅槃の象徴として存続してきました。

ブッダの葬儀の数世紀後に仏像が造られるようになりますが、仏塔はそれよりも歴史が古く、仏教が伝わった地域において、仏塔のない時期はありません。日本では仏像が重視されていますが、仏教の歴史においては仏塔のほうがはるかに重要です。仏塔にかんしては第八章において改めて考察します。

ブッダは臨終に際しアーナンダに対して、自分は浄土に行く、などということはいわれませんでした。わたしはお前たちを置いて行く、お前たちは修行しなさい、といって亡くなっておられます。

わたしはブッダがここで、人間は死ななくてはいけないのだから静かに死になさい、そして生きているあり方を大事にしなさいといわれているように思えるのです。これは簡単なようですが、難しいことです。

しかし、ブッダが亡くなってから幾世紀か経って、わたしが救ってあげるからわたしの名前を呼びなさいと説く阿弥陀仏のような存在が現れます。このようにブッダのような求道の立場と阿弥陀仏のような救いの信仰の二つのあり方が並行して仏教にはあるのです。このような二つの流れがあることは、仏教がその「生涯」において「取」りいれることのできた「有《う》」だと思うのです。それは十二支縁起風にいうならば、仏教がなし得た総合であって、矛盾ではありません。仏教では死というものを、恐ろしいとか嫌だとか悪いものだというようには考えてきませんでした。死をいかに静かに受けとめていくかを仏教は考えてきたのです。

第二章　アミダ仏の出現——二人目のブッダ

1　崇拝形態の大きな変化

紀元一、二世紀のインド仏教に信仰形態（崇拝形態）の大きな変化が見られました。大乗仏教が興隆していたこの時期に、仏（ブッダ）にたいする仏教徒の態度に変化が起きたのです。すなわち、戒律を守って修行を積むことによって仏教の最終目的である悟りを得るという方法に加えて、「人格神」にたいする帰依によって精神的救いを得る方法が認められるようになったのです。仏の働きあるいは職能の観点からすれば、修行のモデルとしての釈迦《しゃか》から魂の救済者である阿弥陀《あみだ》へという変化が生まれたということができます。

これは単に仏教内に起きた変化ではないようです。ヒンドゥー教においてもこの時期に同じような変化が起きていたのです。すなわち、人格神ヴィシュヌにたいする帰依（バクティ）によって「個々人の魂（アートマン）の救い」を得ようとする態度が見られるようになっていました。このような態度あるいは崇拝形態はそれ以前のバラモン教や初期ヒンドゥー教には見られなかったものです。

萌芽的な帰依の態度は仏教以前のバラモン教にも見られますが、人格神に対する帰依によって魂の救済を得ようとする方法が人々に承認されるのは、ヒンドゥー教にあっては紀元前後、つまり大乗仏教の興隆とほぼ同時期なのです。

このような変化は、ヒンドゥー教が仏教に与えた影響の結果なのか、あるいはその逆なのでしょうか。それともヒンドゥー教も仏教もともに両者を包む大きな流れの中にあったのでしょうか。

2 ヨーガとバクティ

本書第一章ですでに述べたようにインドの宗教史は六期に分けられます。第一期は、インダス文明の時代（紀元前二五〇〇年から紀元前約一五〇〇年の間）です。その後の紀元前一五〇〇年頃から紀元前五〇〇年頃までは第二期「ヴェーダの宗教の時代」と呼ばれます。この時期はヴェーダ聖典に基づいてバラモン僧たちが儀礼を行っていた時代です。紀元前五〇〇年頃から紀元六五〇年頃までの第三期は、非アーリア的な宗教が盛んであった時代であり、「仏教およびジャイナ教の時代」あるいは「非アーリア系の文化の時代」でした。第四期は、六五〇年頃から一二〇〇年頃まで、すなわち、ヒンドゥー教の力が仏教のそれを凌いで発展した時代であります。一二〇〇年頃から一八五〇年頃までの第五期は、インドがイスラム教から政治的支配を受けた時代であり、その後の第六期、つまり一九世紀の中頃から今日に至る時代は、近代ヒンドゥー教の復興の時代です。

「ヴェーダの宗教の時代」と名付けられた第二期は、バラモン教の時代とも呼ばれます。「バラモン」とは、「ブラーフマナ」（ブラフマンを有する者）の訛ったかたちですが、ブラフマンとは元来、呪力のある言葉、呪文のことを意味しました。「ブラフマン」は、後に、宇宙的原理をも指すようになりました。ブラフマンはヒンドゥー教のパンテオンに男性神格として組み入れられてブラフマー神となり、仏教のパンテオンの中に取り入れられて梵天《ぼんてん》（ブラフマー）となったのです。

古代バラモン僧たちは、ヴェーダ祭式において神々に供物を捧げました。例えば、ヴェーダの宗教を代表する儀礼の一つソーマ祭では、インドラ神（帝釈天《たいしゃくてん》）などにたいして幻覚剤の一種ソーマ酒を捧げたのです。バラモン僧たちもその酒を飲んだと考えられます。儀礼を行っているバラモン僧たちとインドラ神との間には「交わり」がありました。つまり、インドラ神に対してバラモン僧たちは、この神の好むソーマ酒を捧げ、その代償として神に自分たちの望みをかなえてくれるように願ったのです。インドラなどの神々があたかも自分たちの恵み深い「王」であるかのように、祭官たちは神々に語りかけ、自分たちの願いを伝えました。このような意味で、バラモン僧たちにとってインドラは明らかにペルソナを有する者、すなわち人格神でありました。もっともこの時代の祭式においてバラモン僧たちは、儀礼を依頼した者たちや自分たちに対する神からの恵みを期待し、さらには死後、天界に昇って安楽な生活ができることを願ったのですが、後世のヴィシュヌ信仰に見られるような魂の救済を願ったわけではありませんでした。

今日のわれわれに残されているヴェーダ聖典のもっとも重要なものは『リグ・ヴェーダ』ですが、この神々への讃歌集は紀元前一二〇〇年頃から紀元前九〇〇年頃までに編纂されたと考えられます。『リグ・ヴェーダ』をはじめとするヴェーダ聖典に基づいて多くのバラモン僧たちは儀礼を執行し、王族たちもバラモン僧たちが執り行う儀礼を重視しながら政治を行いました。しかし、紀元前七世紀頃ともなると、このような儀礼主義に対してバラモン僧たちのあいだにも反動が起きました。主知主義的な態度をとる者たちがウパニシャッドと呼ばれる聖典群を編纂し始めたのです。この新しい運動では、ヴェーダ祭式が拒否されたわけではありませんが、個我（アートマン）と宇宙原理あるいは世界原理（ブラフマン）とが一体であることを直証することが求められました。注目すべきは、ウパニシャッドにおいて語られるブラフマンは中性原理であって人格神ではなかったことです。

ヴェーダの宗教（バラモン教）の時代を代表するヴェーダの儀礼主義とウパニシャッドの主知主義はその後のインドの精神文化の二本の柱となりました。後世のヒンドゥー教においてこの二本の柱にバクティつまり帰依（献信）の伝統が第三の柱として加わったのです。ヒンドゥー教においてバクティの伝統が第三の柱となった時期とインド仏教、特に浄土思想において帰依（バクティ）の伝統が生まれた時期とは、ほとんど同じでありました。

紀元前五〇〇年頃から仏教およびジャイナ教が勢力を有するようになったのですが、それ以前からヴェーダの宗教はすでに力を弱めていました。しかし、その後、紀元前三、二世紀頃からヴェーダの宗教の要素も残しながら、土着的な文化の要素も組み入れて、新しいかたちのバラモン主義が復活してきました。その形態をヒンドゥー教と呼ぶのが一般的です。

ヒンドゥー教の実践にあっては、ヨーガとバクティという二つの伝統が重要です。ヨーガの行法は仏教の誕生以前からすでにインド・アーリア人たちに知られていたのですが、その起源はインド・アーリア人にもともとあったものではなくて、ドラヴィダ系の民族が有していた実践形態がインド・アーリア人の文化の中に組み入れられたものと考えられます。

すでに述べたようにブッダ誕生の年代ははっきりしませんが、はっきりしていることは、ブッダもヨーガ行者であったことです。その後、仏教およびヒンドゥー教においてヨーガはもっとも重要な実践の方法として用いられてきました。

ヨーガという宗教実践の伝統とは別の伝統として、遅くとも紀元前一世紀頃には「人格神に対する崇拝によって個々人の精神的至福を求める方法」すなわちバクティ崇拝が生まれてきました。先述のようにインドラ神も人格神であり、この神と祭官たちの間には「やりとり」あるいは交わりがあったのですが、人格神への帰依（バクティ）という崇拝形態はヴェーダの宗教にはなかった、少なくとも一般的ではなかったのです。

ヒンドゥー教や仏教における帰依の伝統を考える際、同時にヨーガの伝統をも考慮に入れなくてはなりません。というのは、インドの宗教の歴史においてもっぱらヨーガあるいはバクティのいずれかによって救済が追求されることが多かったのですが、バクティ崇拝はヨーガの実践を伴いながら存続した場合がしばしばであったからです。

ヒンドゥー教においては、ヨーガの実践はすこぶる古く、初期ヒンドゥー教の形成以前にすでに行われていました。しかし、バクティ（帰依）が明確な救済方法として登場するのは『バガヴァッド・ギーター』（『ギーター』）においてです。この文献はインドの叙事詩『マハーバーラタ』に挿入された七〇〇偈ほどの頌歌です。インドの文献としてはむしろ小品なのですが、

『ギーター』は今日までヒンドゥー教、特にヴィシュヌ派におけるバクティの伝統の聖典として用いられてきました。この聖典では、神クリシュナすなわちヴィシュヌが王子アルジュナに対して、ヨーガの道、知識の道および帰依（バクティ）の道という三つの道の統合を説いています。

叙事詩『マハーバーラタ』が現在の形をとるのは五世紀頃ですが、その原形はおそらく紀元前二世紀に遡ると思われます。もっとも『マハーバーラタ』の中には仏教誕生以前、すなわち紀元前五世紀以前の古いエピソードも含まれています。『ギーター』はおそらく紀元前二世紀から紀元後二世紀の半ばまでに形成されたと考えられます。『ギーター』が今日の形を採ったのは一五〇年頃と考えられていますが、これは大乗仏教が台頭しつつあった時代です。

図２－１　ヴィシュヌ（グプタ朝、国立博物館、デリー）

中国や日本の仏教者たちが『般若心《はんにゃしん》経《ぎょう》』に対してそれぞれの立場から注を施してきたように、後世のヒンドゥー教の思想家たちはこぞって自分たちの考え方を『ギーター』に対する注の形で述べてきました。『ギーター』に対して、シャンカラ（八〇〇年頃）、ラーマーヌジャ（一一世紀後半から一二世紀前半）、マハーラーシュトラの聖者ジュニャーネーシュヴァラ（一三世紀末）といった古代、中世の思想家たちの注が残されています。さらには独立運動家ローカマニヤ・ティラク（一八五六～一九二〇）、オーロヴィンド・ゴーシュ（一八七二～一九五〇）、ガーンディー（一八六九～一九四八）といった近代のヒンドゥー教の復興に貢献した人たちも『ギーター』に対してそれぞれの立場から注釈をしています。『ギーター』の注釈史はヒンドゥー教の思想史ともいえましょう。

インドが第四期に入り、仏教を支えていた商人階級が没落し、インドが農村を中心とした世界へと入ってしばらくした頃、つまり八〇〇年頃にインド哲学最大の哲学者シャンカラが生まれました。彼は第四期の初期、つまりヒンドゥー教が支配的だった時代の先駆的イデオローグとして、ウパニシャッド聖典群に注をすることによって古代のバラモン的な精神を蘇らせたのです。もっともシャンカラにとっての究極的な存在は中性的、非人格的な原理でした。シャンカラにあっても人格神に対するバクティ崇拝の側面がないわけではなかったのですが、シャンカラはバクティよりもヨーガに重点を置きました。

第四期の末期、すなわちインドがイスラム教支配下に入る直前に神学者ラーマーヌジャが生まれました。彼の説く神イーシュヴァラは、人格神ヴィシュヌでした。シャンカラはどちらかといえばシヴァ崇拝との関係が深く、彼の崇拝するシヴァはヨーガ行者としての性格の強い神です。一方、ヴィシュヌはヨーガ行者というよりは人々の保護者であり、自分の姿をさまざまに変えて人々を救うような神であって、シヴァのように森の中で瞑想に耽っている行者ではありません。ラーマーヌジャ以後、ヒンドゥー教においてはバクティの伝統がますます重視され、今日に至っています。

3　仏教におけるバクティ

一七、八〇〇年のインド仏教の歴史は、おおまかには三つに分けられます。すでに述べたように仏教誕生から紀元前後までを初期仏教と名づけることができます。紀元前後から六五〇年頃までをインドの中期仏教と呼び、その後インド仏教が滅ぶ一二、三〇〇年頃までが後期仏教の時代です。

初期仏教ではブッダは偉大な教師であり偉大な先達であって、修行者の魂の救済者ではありませんでした。初期仏教徒たちはブッダに向かって自分の魂を救済してほしい、とは願わなかったのです。僧たちはそれぞれヨーガの行法を実践することによって自分の救済あるいは悟りを得ようとしたからです。それはブッダ自身が生前行った方法でもありました。

インド中期仏教の初期に台頭しつつあった大乗仏教の運動にあってはまず般若経典群の内、初期のものの成立が見られました。この経典群は、どのようなものにも不変で恒常的な実体はない、つまり、空《くう》である、と主張しました。同時に、仏（ブッダ）の働きやイメージにも変化が起きていました。この経典群におけるブッダのイメージは、もはや釈迦族の太子ではなく、初期仏教には見られなかったような神格化を受けています。そうではあるのですが、般若経典群におけるブッダは人間たちの住むこの娑婆《しゃば》世界に住むと考えられていました。

一方、紀元一世紀頃から三世紀頃にかけて『阿弥陀経』、『無量寿経』などの浄土経典が生まれました。この経典群におけるブッダの働きは、初期仏教さらには初期大乗仏教の原始般若経典におけるブッダのそれとは大きく異なります。『阿弥陀経』や『無量寿経』にはサンスクリット原典やチベット語訳が残っており、数種の漢訳も残っています。中国においてこれらの浄土教経典は盛んに用いられ、日本における浄土教はこれらの経典を基本経典として用いてきました。

これらの経典には、阿弥陀崇拝に対する帰依（バクティ）によって精神的救済が可能であると述べられています。これらの浄土経典に登場する阿弥陀仏は、魂の救済者なのであり、「自分の名前を唱えた者は必ずわたしの国、極楽浄土に生まれる」と約束します。

「浄土」とは清らかな国土のことであり、阿弥陀の仏国土のみをいうわけではありません。

「浄土」は一般名詞であり、仏の住む国土はすべて浄土なのです。『華厳経《けごんぎょう》』のヴァイローチャナ（毘盧遮那）が住む国土も浄土なのですが、阿弥陀仏の仏国土が有名であるために、「浄土」といえば阿弥陀仏の極楽浄土のことであると考えられがちでした。ひとりひとりの仏がそれぞれの国土を有しており、一つの仏国土には一人の仏しか住めない、ということが仏教、特にインド初期仏教の鉄則なのです。

われわれの住む世界、すなわち娑婆世界の仏は釈迦牟尼《しゃかむに》です。一方、阿弥陀はこの娑婆世界にではなく、遠く離れた極楽浄土に住むと考えられます。しかし、この阿弥陀の浄土を衆生つまり人々がこの娑婆世界から見ることはできるといわれます。見ることはできるのですが、その浄土には死んでから生まれると『無量寿経』などの浄土経典には述べられています。これらの経典において阿弥陀は「わたしの名を唱えるならば、わたしの国に生まれる」と宣言するのですが、「わたしと同じように如来になることができる」とはいいません。

インド中期仏教の終わり頃、つまり五世紀頃には密教的な要素を含む大乗仏教が生まれ、この密教の流れはインド仏教の消滅まで続きました。ちなみに大乗仏教の中に密教（タントリズム）と呼ばれる形態が見られるのであって、大乗仏教の時代の後に密教の時代が続いたのではありません。

密教の中でもっとも重要な仏のひとりは大日如来《だいにちにょらい》ですが、この仏はこの娑婆世界に住む仏であるということができます。大日如来の浄土はこの娑婆世界から離れてあるわけではないからです。ということは、ひとつの国土に二人の仏が住むことになってしまったのです。釈迦と大日は不一であるという側面と不二である側面の両面があります。大日には修行者の究極的モデルという側面があります。しかし、初期仏教におけるゴータマとは異なる方法によって精神的救済を約束する仏でもあります。密教には大日などの尊格に対する帰依の要素が見られます。

4 ヒンドゥー教におけるバクティ

ドイツの宗教哲学者ルードルフ・オットー（一八六九〜一九三七）には『聖なるもの』のほかに、講演集『インドの恩寵の宗教とキリスト教』（『インドの神と人』立川武蔵・希代子訳、人文書院、一九八八年）があります。この書において、オットーはキリスト教文化圏に属する者として、真宗の信仰にキリスト教信仰の「ライバル」があることを知って驚いたと述べています（『インドの神と人』一九頁）。第二次世界大戦以前から欧米において日本の浄土教に対する関心が少なからずあったのですが、オットーはそのような関心を持った者たちの先駆者の一人でした。彼は日本にも来たことがあるのですが、真宗やヒンドゥー教の分派ヴィシュヌ教に関する研究を行い、『ギーター』に関しても数冊の著作を残しています。

彼は先述の書の中で、仏教やヒンドゥー教においてもっとも高いレベルの宗教的な「財」が存在すると述べ、救済の道への関心はウパニシャッドの言葉に呼びさまされて以来、インドの中で人を動かし続けてきた、といいます（『インドの神と人』一三頁）。また、バクティという救済は高度の訓練を積んだエリートたちのみではなくて一般の者たちにも通ずるものであること、バクティによって主の恩寵を単純に信頼して受け入れることによって救いがもたらされること、バクティによる信仰は行為によるのではないこと、などという点で親鸞《しんらん》に通ずるものだ、と述べています。

オットー自身はキリスト教信仰に身を置いていましたので、「主の恩寵」というようなキリスト教的観念を通してインドのバクティを説明しようとしましたが、インドのバクティ崇拝に関する彼の理解が間違っていたとは思えません。自分の外に存する者からの恵みを受け入れ、自分自身の存在を主張するのではなくて、反対に己を空しくすることはキリスト教信仰にもバクティ崇拝にも共通に見られます。

オットーは、ヒンドゥー教におけるバクティの運動が仏教におけるそれよりも、はるかにキリスト教の信仰理念に近いと考えました。彼は「なるほど真宗の教義は人格神的表象や解釈に近いが、人格神的解釈に到達することはなく、その最終的結果の手前でどこか脇道にそれざるを得ない。さもないと、仏教の枠を超えてしまうからだ」といっています（『インドの神と人』

二一頁）。

親鸞の信仰において阿弥陀の人格神的側面が強調されるならば、そのイメージが「一人歩き」するのではないか、とオットーはおそれたのでしょう。たしかに自己の外に存在する救済者のイメージが精緻なものになるにつれて信仰者は自己自身の存在により一層関わることになろう、と親鸞は考えたと思われます。そうなれば、自己の「はからい」が増えるばかりです。それが主たる理由なのでしょうか、親鸞は阿弥陀仏を人間に似た像で描くことを薦めることなく、主として南無阿弥陀仏《なむあみだぶつ》という文字（名号）を用いました。

オットーが「仏教の枠を超えてしまう」というのは、真宗の帰依の信仰の特殊性を見抜いていたからでしょう。親鸞は、念仏の中にすべてのものが組み込まれていき、信仰者のなかでは自己と救済者の相違がむしろ意識されなくなることを目指しました。念仏すなわち南無阿弥陀仏には、「南無」というように人が阿弥陀へと向かうヴェクトル（方向を有するエネルギー）と、そのヴェクトルの向かう対象としての「阿弥陀仏」という二つの契機が含まれています。念仏とはその二つのヴェクトルの統一です。このような帰依あるいはバクティのあり方は、すくなくともオットーの考えるキリスト教にはないものです。

オットーは『マハーバーラタ』（森の篇、三〇章および三一章）の中のエピソードに言及します（『インドの神と人』二六頁）。パーンダヴァの五王子の長兄ユディシュティラが、百王子の長ドゥルヨーダナに賭け事に負けたため、財も国も奪われて、五王子と彼ら共通の妃ドラウパディーは森へ追放の身となります。その森の中でユディシュティラと妻ドラウパディーが対話をしますが、ドラウパディーは、自分たちをこのような目にあわせたドゥルヨーダナが憎いとか、神はそのことを放っておくのか、とさんざんに神を詰《なじ》り、夫にむかって悪態をつきます。

王子ユディシュティラは、神に背くことなく、神を認識することを学び、神を敬い、神への疑いを投げ捨てよ、と妻にいいます。「神の恩寵によって死すべき人間が死から自由へと至り得るのだ。その方こそ最高の神ではないか。今後この神を冒涜することはやめよ、ドラウパディーよ」と妻をたしなめます。

今述べた箇所が『マハーバーラタ』に挿入されるのは、あきらかに『ギーター』の挿入後です。『ギーター』が現在の形になるのは二世紀中葉と考えられており、このユディシュティラとドラウパディーの対話は、それ以後のかなり発展した恩寵（バクティ）のかたちを示しています。

インドでは、古来、行為あるいは儀礼の道が悟りあるいは天界への道であるという儀礼主義の伝統が強い一方で、儀礼を行っても究極的な救いは得られず、知識あるいは智慧が重要なのだと主張する主知主義の伝統も共に存在してきました。このように、インドでは「行の道」と「知の道」との二つの伝統があったのですが、古代から続いてきたこの二つの伝統が『ギーター』に受け継がれています。さらに、その二つの伝統の統一を『ギーター』は図ったのです。

一般に行為は目的を有するものですが、『ギーター』に登場する神クリシュナは、目的を度外視して粛々と行為を行え、とアルジュナ王子に命じます。これは一種の自己否定の道です。行為の目的を捨てて行為を行え、というこの自己否定の態度によって『ギーター』はヒンドゥー教の聖典になりえたのです。というのは、個々人の魂の救済、つまり精神的至福を追求するかたちの宗教にあっては、自己否定の契機が不可欠だからです。『ギーター』もまた精神的至福を求める者たちに対してヴィシュヌ神への帰依を説いているのです。

『ギーター』は、行為の道と知識の道をまず統合し、その統合を踏まえてヴィシュヌへの帰依（バクティ）を導入します。行為の道と知識の道の統合のためには、儀礼を精神化（あるいは内化）することが必要でした。ホーマ（護摩）は神々への供物を火の中へ入れる儀礼なのですが、この儀礼行為に対して後世の仏教タントリズムでは、自分の心の中で煩悩を焼く行為でもあるという精神的意味を加えました。儀礼に対するこのような意味づけを内化あるいは精神化と呼びます。仏教タントリズムの誕生よりはるか以前から『ギーター』は古代のヴェーダ祭式をウパニシャッドの説くブラフマンの活動と見なすことによってヴェーダ祭式を精神化しています。

『ギーター』は、先ほど述べた自己否定の契機と儀礼の精神化という二つの操作によってまず行為（儀礼）の道と知識の道との統合を図りました。儀礼あるいは行為を精神化し、目的を考えずに行為するというかたちの自己否定の態度を貫くことによってバクティすなわち人格神への帰依の道を準備したのです。

5　見仏とヨーガ

『ギーター』一一章において、バクティの道の説明を終わった神はアルジュナ王子に自分の姿を見せます。ルーマニア生まれの宗教学者ミルチア・エリアーデ（一九〇七～一九八六）のいう「聖性顕現《せいせいけんげん》」（ヒエロファニー）です。アルジュナは神ヴィシュヌによって力を与えられて神のすがたを目の当たりにします。ヒンドゥー教のバクティの伝統にあっては『ギーター』以後、神のすがたあるいはイメージは信者が眼にすることができるという信念はますます確固としたものとなっていきました。

神のイメージの視覚化は仏教においても重視されるようになりました。『無量寿経』の中では仏弟子が浄土の状態を見たと述べられています。当時は浄土の仏を見ること（見仏《けんぶつ》）は重要なことであったと推定されます。大乗仏教の大成者世親《せしん》（五世紀頃）に帰せられる『浄土論』の中にも浄土を見ることが一つの重要な宗教実践として述べられています。その手段としてはヨーガが用いられたと考えられます。というのは、浄土の様子をシャマタ（止《し》、精神集中の対象を定めること）とヴィパシュヤナー（観《かん》、定められた対象へと心がどこまでも伸びていくこと）によって見る、とその書では述べられているからです。シャマタとヴィパシュヤナーはヨーガの行法の中の連続した二段階を指しています。ヒンドゥー教および仏教の実践ではヨーガが実践の基本です。もっともこのような見仏の思想は、例えば、親鸞の信仰にあってはほとんど問題にされません。今日の真宗の信仰にあっては、浄土を見ようとすることはまさに「自力」を働かせることと考えられているようです。

宗教的行為・実践において俗なるものをあくまで否定する運動を続けようとする遠心的なヴェクトルが見られますが、そのヴェクトルを担うのが阿弥陀仏であると考えられます。俗なる現世に対して否定的な契機を有しながらも現世を守ろうとする求心的なヴェクトルを担うのが密教における中心的仏である大日如来です。遠心的な力と求心的な力は本来一人の仏に共に備わっているのですが、浄土教にあっては阿弥陀の有する遠心的な力が重視され、密教では大日如来の求心的な力が強調されるのです。

インドの浄土思想にあってはバクティが主要なる実践方法として用いられたのですが、先に述べたようにヨーガが見仏の方法として採用されることもあったと考えられます。一方、中国や日本の浄土教ではバクティの要素が特に重視されました。後世の密教においてはヨーガとバクティの両方が重視されたといえましょう。

このように仏教およびヒンドゥー教にあっては紀元前後においてバクティ運動が盛んになったと考えられます。阿弥陀信仰は仏教における帰依の現れの一つであり、ヒンドゥー教における現れは『ギーター』に見られるクリシュナ（ヴィシュヌ）への帰依です。その後もバクティは仏教およびヒンドゥー教における主要な信仰形態となりました。阿弥陀信仰とヴィシュヌ信仰との間に歴史的関連があったか否かの問題にわれわれはここで立ち入ることはできません。おそらくは仏教とヒンドゥー教を共に巻き込んだ「帰依の宗教運動」が世界的規模で起きていたのでしょう。

ドイツの哲学者カール・ヤスパースがブッダ、ソクラテス、孔子が出た時代を「軸の時代」（紀元前八世紀から紀元前二世紀まで）と名付けたことはすでに第一章において述べました。「軸の時代」以前とは異なって、この時代において人類は個々人の魂を問題にするようになった、とヤスパースは考えたのです。

バラモン教あるいはヒンドゥー教においてバクティあるいは神からの恩寵（プラサーダ）の思想が『ギーター』以前から存在していたことは確かです。『ギーター』に登場するクリシュナ神は『ギーター』においてはヴィシュヌとすでに同一視されたのですが、元来は仏教の誕生以前における歴史的人物であり、ヤーダヴァ族の長であったクリシュナが次第に人格神へと発展していった者と考えられています。しかし、バクティ崇拝がヴィシュヌ信仰の一形態として確立したのは、『ギーター』以後なのです。

ユダヤ・キリスト教的伝統においては、われわれがバクティと呼んできた伝統とほぼ同じものがかなり以前から存在していました。例えば、『旧約聖書』「ヨブ記」に見られるように、神への信仰によって魂の救済を追求する伝統は、イエス以前にも見られました。そのような伝統をイエスが明確なかたちで打ち出したのです。

ヤスパースが挙げた三人すなわちブッダ、ソクラテスおよび孔子の時代のギリシャ、インド、中国ではわれわれが問題にしてきたようなバクティは見られません。インドにおいてバクティの運動が明確になるのはイエスの時代、目を転ずれば阿弥陀崇拝の時代であります。このように考えるならば、「軸の時代」とその後のインドやギリシャでは大きな変化があったといえましょう。

なぜこの時期、すなわち紀元前後から二、三世紀の時代にバクティあるいは恩寵が問題となったのでしょうか。それは死後の「魂」の問題と関係があると思われます。阿弥陀の国に生まれるためには、人は死ななくてはなりません。『ギーター』は戦争で死ぬ運命にある者たちにヴィシュヌが説くことばを聖典としたものです。イエスの天国も元来は死後に赴くところでありました。

第三章　自分と他者なるブッダ

1　「自分」という意識

第一章において禅定《ぜんじょう》を主要な実践方法としていたブッダ（シャーキャ・ムニ）の生涯を概観しました。第二章ではブッダの滅後、三、四世紀経たところで仏教は帰依（バクティ）による救済の方法を組み入れたことを見ました。これらの二章においては歴史的考察の方法を採ってきましたが、この第三章では考察のトーンをすこし変えて、「自己（自分）とは何か」という問いに仏教史の中から考察するのではなく、自分自身の問題として考えてみたいと思います。

本書は仏教史の概説ではなく、あくまで「神学的」考察を目指したものであることは「はじめに」に述べた通りです。

ブッダのように禅定を実践する場合であれ、アミダ仏への帰依という方法を採る場合であれ、それぞれの実践者の「自己」（自分）が問題となります。宗教と呼ばれる「いとなみ」であれば当然のことといえましょう。「自己」についての考察が、アミダ信仰さらには大日如来《だいにちにょらい》を中心としたマンダラ世界についての考察の準備でもあるのです。

われわれにはおどろくほど長い時間、というよりも生きている間のほとんどの時間、「わたし」という意識（自意識）があります。この意識は、「わたしとはこれこれの者だ」という明確な認識のみをいうのではありません。その意識には、うっすらとですが「自分である」というように自分を見ている統覚があります。過ぎ去る時間の中で想念が次々と生滅しますが、それらに寄り添っているかに思える何者かがあります。それは強力な作用を有するわけではないのですが、それがなくなってしまうことを恐れる何者かも存在します。

そのような自意識を「擬似的な空間」として表象することができます。わたしはその心的な擬似空間を「自己空間」と呼んでいます。「自分空間」ではなくて「自己空間」です。本書ではわたしは「自分」と「自己」の二語を用いていますが、「自分」を考察対象として分析するような場合には「自己」という語も用いたいと思います。

過ぎていく時間の中で想念が次々と生まれてくるのを見守る自己は時間の経過も意識しているのですが、ここでは「自己時間」とは呼ばないことにします。「自己空間」とは基本的にある瞬間における自分の心のあり方を、CTスキャンの画像のように、ある時点で切り取った擬似空間のイメージあるいは図です。時間の経過に伴って自己のあり方も変化します。その変化は複数の自己空間の図によって考察できます。（このような自己空間図の変化の図示にかんしては、拙著『ブッダの哲学』法蔵館、一九九八年、第四章を参照されたい。）

スイスの精神分析医ユングは、自我（ego）と自己（self）の二つを区別しました。前者は意識の中心で、後者は前者を越えた高次なものであり、意識と無意識を統合する働きを有するものと考えられました。自我とは喜怒哀楽のレベルをいい、自己とはその「下に」存するより普遍的な存在を指すと彼はいいます。ユングのいう自我と自己のあり方は氷山に譬えられ、氷山の海面上にある部分が自我に、海面下にある部分が自己であるというのです。

われわれの心には否定さるべき「俗なる」側面と普遍的な「聖なる」側面とが共存していますが、それらの二側面は自我の領域と自己の領域として固体の精神を二分しているのではないと思われます。ユングのいう自己なるものの存在を仏教も認めていると解釈できるかもしれません。禅僧が「悟った」時、日常を超えた高次な「我」（自己）に気づく、あるいは接するのでしょうが、今のわれわれの考察にあってはユングの自我と自己の区別を前提に考察を進めることはしないことにします。

ここでの考察では主として「自分」という言葉を用いたいと思います。「自分」とは曖昧な言葉に聞こえるかもしれませんが、実は優れて便利、かつ適切な語です。「自分」という語を用いるならば、先ほど述べた自我と自己との区別に煩わされることがありません。また、「自分」という語は、われわれが今関わっている対象世界に関わっている主体をできるかぎり「生に」つまり直截に指し示すことができるからです。

もっともわたしは「自己」という語も用います。「自分」という語が、意識されている好悪の感情、意欲なども含んだ領域を主として指す一方で、これまで積み上げてきた記憶、これから行う予定の行為に対する意欲、社会における責任の自覚などを指す場合には「自己」という語を用いることにしたいと思います。

2　人の有する諸側面

われわれは生まれてこの方、ひとりでいたことはまずありません。乳児の時はいうに及ばず、われわれは常に他者との関係において生きてきました。このヒトという生物学的生命体を支えてきた時間とエネルギー、さらにはその生命体がこれまでに摂取してきた養分などを考えるならば、「自分の身体あるいはその部分」と呼ぶことのできる部位は染色体以外にはほとんどないでしょう。血や肉は意外にはやく入れ替わるといわれています。

受精が行われてから二、三ヶ月までの間の胎児に自意識はまずないでしょう。成長する段階で「自分」と呼ばれるものが現れます。子供は一歳にもならないほどで「自分」（自我）を主張し始め、その自意識は死ぬまで続きます。ほとんどの人の場合、物心が付いた頃からの「自分」は「今の自分」なのです。記憶喪失などのケースは別として、途中で自分が途切れた覚えはないと思われます。血や筋肉の細胞がはやく入れ替ると聞いたところで、何十年前の自分は「今の自分」なのです。この一貫性は「自分」の本質なのでしょうが、この自分を守り通そうとする力は実に強固です。

このように「自分」は「自分」でしかありえないのですが、すでに述べたように、「自分」あるいはこの自分の身体は自分ひとりの所産ではありません。「自分」は他者との関係において作られたものだからです。では、自分は自分だという側面と自分が自分以外のものを摂取して自分となったという側面とがどのように関係するのでしょうか。

「自分」とは、単一の側面のみを有するものではありません。ある人（A）が教師の職を六五歳で辞めたとしましょう。Aは時として、自分の小さかった頃、就職した頃、その後の教師生活を振りかえることでしょう。Aの人生においてAはAであってA以外の者ではなかった、ということは事実でしょう。しかし、Aにはこれまで関わった多くの側面があり、Aと呼ぶ場合は、Aが有する諸側面の内、その際に問題になっている領域におけるAを指し示しているのです。

また一人の人間をAと呼ぶ場合や名前で呼ぶ場合でも、われわれはその人物が関わった諸局面の総体ではなく、幾つかの局面に関わってきた存在を問題にしているにすぎません。教師であったり、父あるいは夫であったりする局面を切り取って「A」と呼んでいるのです。もっともその人物はその都度、異なった名前、例えば、「何某さん」「先生」「お父さん」などの名で呼ばれているのですが。

3　意味（センス）と指示物（レファレンス）

分析哲学において「明けの明星《みょうじょう》」と「宵《よい》の明星」の例が有名です。この二つの語の意味（センス）は異なるが、それらの語が指し示しているもの（指示対象、レファレンス）は同じ金星であるというのです。この方法に従うならば、「先生」と「お父さん」という二つの語はそれぞれ異なった意味を表現しているのですが、同一の対象Aを指し示しています。

しかし、今のわれわれの考察にとってはこのような考え方はあまり参考になりません。というのは、「A」という名前は便利なようですが、それがいったい何を指しているのか、つまりそのレファレンスの実体がはっきりしないからです。不変の単一的な元素Aが存するわけではありません。Aはある人物の肉体を指しているのでもないのです。Aといっても結局はいくつかの側面、要素の集合を呼んでいるに過ぎないのです。

それぞれの人の戸籍、住民票に記載される氏名がその者の社会における実質的な指標の一つではあるのでしょうが、その氏名が指す対象と「A」と呼ばれてきたものとが完全に一致するわけではありません。「Aとは何か」という場合のAに含まれる、あるいはAが指し示すすべての側面を集めて並べることは不可能です。またその必要もありません。

Aと呼ばれる人は自分を意識しており、A自身は自分を構成している側面をある程度知ってはいます。しかし、「A」という語に完璧に対応するものが外界に実在すると誰も思っていません。ここでわたしは個々人の肉体が存在しないものであるとか、社会や地球が「心が妄想したもの」であるといっているのではありません。ただ「自分」とか「自己」とか呼んでいるものは、個々人において、肉体、地理的、文化的、社会的条件などによって形成されてきたものの諸側面から選ばれたものの集合であって、きわめて流動的なものであることを述べたいだけです。

4　阿弥陀信仰と自分

次に自己を超えた神について考えます。なぜ人はこれほどまでに「神」に関わってきたのでしょうか。「神」など存在しないかもしれません。それでも、その存在しないかもしれない「神」に人間は綿々として関わってきました。近代のキリスト教神学は神に関わる人間の考察を進めてきました。その場合にもなんとかして神の存在に行き着きたいという願いがあるようです。仏教の場合も同様です。世界の根本原因あるいは世界の創造者を認めないはずの仏教はその歴史の中で「神」としか呼べない、少なくともそのように呼んでも差し支えのない存在を追い求めてきました。インド初期仏教にあってすでにゴータマは超人化されていわゆる人間ではなくなっていました。阿弥陀仏も大日如来も英語で表現すれば「神」(deity) と表現されるでしょう。またインド後期仏教のサンスクリット・テキストでは大日如来などのマンダラの中の諸尊は「神々」(deva) と呼ばれています。

これらのことは人が常に自分を超えるもの、すなわち超越を求めてきたことを示しています。その超越と自己（自分）との関係をどのように考えるかはそれぞれの伝統によって異なります。また、自己と世界との関係は超越の問題と深く関係します。インドの宗教におけるように世界と神とがほとんど同じものである場合と、キリスト教におけるように世界と神との間に断絶がある場合というように自己と世界との関係はさまざまですが、先ほど述べた自分を超えるものを考える場合は、常に自己と世界との関係が問題になります。

人間と神との関係については古来実にさまざまに考えられてきました。人間と神との関係がキリスト教神学の核心であるといっても過言ではないでしょう。仏教においても仏と衆生との関係は、仏教の重要なテーマの一つです。人間と神あるいは衆生と仏との間の関係は動的なものであり、その動的な関係は「動態」（ダイナミックス）と呼ぶことができます。では、その「人間」とはいったい何なのでしょうか。この問いに答えるためには、神に向かう人間の心的世界としての「自分」を考察することが必要です。

阿弥陀に向かう人間は「自分」と表現することができます。しかし、それはどのような意味の自分なのでしょうか。「Aが阿弥陀に関わる」という表現は意味が不明瞭です。Aに帰せられる多くの側面のうち、阿弥陀に関わるのはそれらの諸側面のいずれなのかが問われなければならないからです。仮に「Aが阿弥陀に関わる」と表現しても、それまでに有する諸側面を有する存在としてのAはそれらの諸側面を否定することを通じてしか阿弥陀に向かうことはできません。自己は自己を否定することによってのみ超越に接することができますから。

このような表現は同語反復に聞こえるかもしれません。というのは超越とは自己否定以外の何ものでもないからです。この種の否定についての考察がわたしのいう「ブッディスト・セオロジー」の中核です。その準備的考察として次に自己の構造あるいは自己の置かれている世界について考えてみます。

5　人は縁起の中で生きている

われわれはみなそれぞれに許された時間の中を死に向かって進んでいます。わたしの身体もすでに七〇年以上の時の中を進んできました。生きているものは生まれて育って、必ず消滅します。生類にかぎらず、この世界に存在するものはすべて出現して消滅するという定めにあります。若い人も年寄りの人も、死に向かって突き進んでいることは確かです。もっとも「時の中」を進むという表現が正しいのかどうかははっきりしません。時がわたしたちの身体を突き抜けるようにして、通り過ぎていくのかもしれないのですから。

ともあれ、われわれは生まれた時に、すでに世界を与えられています。物心ついたときすでにわれわれには家族がおり、社会があり、そして国があり、地球があります。誕生日にわれわれがそれらの世界を作ったわけではありません。すべての人間は必ず世界の中に生まれ、その中で生きていくように運命づけられているのです。

人は人との間の中でしか生きていくことはできません。人と人がその互いの関係で生きているということを、仏教の用語を借りて「縁起《えんぎ》」と表現したいと思います。歴史的あるいは文献的には、「縁起」という概念は異なった意味あるいはもう少し限定された意味で使われてきたのですが、広い観点から見れば、人と人との関係は縁起である、といっても差し支えないと思われます。

このような縁起の中で生きているわれわれは、遅かれ早かれこの世界から別れていかなければなりません。家族から、仲間から、自分の所属する会社や学校、そうした世界から別れていかなくてはならない。人々すなわち他者から別れていかなくてはならないということは、自分からも別れていかなくてはならないということです。自分というものがなくなってしまうのです。自分の死を強く感じる、あるいは死をまじかにすると多くの人は、わたしも含めて、しばしば自分を超えたものを考えます。仏陀や阿弥陀は自分（自己）を超越した存在です。

自分について考える時、考える自分と考えられる自分との二つが与えられていることに気づきます。この二つがあるからこそ、「自分」という意識が可能になるのです。「我を忘れた」というようなことがありますが、その時にはかの二つが分離しておらず、「自己」という認識もありません。また、考える自分と考えられる自分、あるいは見る自分と見られる自分の区別も意識されていません。しかし、そのように我を忘れるというのは瞬間的なことであり、通常は自分というものを意識しています。見られる自分を見る自分が意識しているのです。近年ではこの自分を自分と認識する統覚を明確に持ち続けることの困難な人が増えているようですが。

死ぬ時、われわれは自分が社会から、あるいは友だちから離れることを知っていますし、その時には自分もなくなるということも知っています。猫は自分が死ぬ時を知るといわれますが、常に強く自分の死というものを意識している動物は人間でしょう。若い時から死を意識しているヒトの場合は、死を意識している期間も実に長いのです。

他者から別離する、つまり世界から離れていかなくてはならない。自分の肉体も朽ち果てていく。自分の肉体のみではなくて、自分というあり方すべてがここからなくなってしまうのです。われわれは多くの場合、人が死んでも自分だけは助かると思っているようですが、自分の死も避けられない事実です。

6　他者の存在の意味

他者からも離れ、さらには見る自分と見られる自分という二つの自分からも別れていかなくてはならない。このような別れ、つまり自分の世界が無くなることをどのように引き受けるかが問題です。ブッダ（釈迦）の問題もまさにそれでした。病を得て老いて死んでいかなくてはならない自分にどのように立ち向かうのか。これがブッダ自身、さらには仏教の問題でありました。そして、阿弥陀信仰の問題でもあります。

わたしの母が四九歳で亡くなったのは、半世紀以上も前のことです。最近では、わたしの兄弟は別にしまして、母を覚えている人に会うことはめったにありません。一人の女性、一人の人間が四九年生きて、そして消えていきました。

この宇宙の中で人間の存在そのものがどのような意味あるいは意図のもとに出現したかをわたしたちが問うことはできないでしょう。この地球上に生物があること自体に関しては目的あるいは意味は存在しないと思われます。地球の歴史の中でヒトという生命体の歴史はあまりに短いものです。ヒトがこの地上に誕生したことには物理学的、生物学的な観点からいえば何らかの因果的必然性があるのでしょうが、わたしたちが社会の中で生きていくときにその「必然性」を常に意識しているわけではありません。わたしたち自身が生物学的生命体であり、この生命は途方もなく遠い昔から途切れることなく続いてきたことは周知されているのですが、その生命がどのような「意図」あるいは「目的」に基づいたものであるかはわたしたちには分からないという意味において、その「必然性を常に意識しているわけではない」と述べたのです。

しかし、わたしたち人間が自然のいとなみに意味を与えることは可能です。というよりも、自然における生物学的生命体のいとなみにたいして与えた意味の中でわたしたちは生きているのです。わたしたちの意味の世界にはすでにこの世から去った者も存在します。わたしたちの一人一人が持つ意味の世界には死者たちも多く含まれます。意味の世界の中で死者たちは生き続けます。

母が生きたということ、借金で長年苦しんで死んでいった母の時間とは一体何だったのか、とわたしはしばしば考えます。自分はすでに母よりは長生きすることができたのですが、最近では自分が生きたことはどのような意味、意義を持つのかと思います。母の生きた時間の「重み」を引き受けて生きていかねばならぬとは思うのですが。

弟は六〇歳で亡くなりましたが、彼の生きた時間も何だったのか、自分がそれをどのように受け取るべきなのかと考えますが、これもなかなか難しい問題です。わたし自身もまもなく死んでいくのですが、この生きたことあるいは生きた時間が何だったのかということは、考えても分かりそうにもありません。しかし、そのように問い続けることは必要なことだと思われます。

妻とは一緒になって五〇年になりましたが、先日（二〇一九年二月）亡くなりました。一緒に生きてきたその時間とは一体何だったのかとこのごろはよく考えます。これまでのような日常がもうすこし続いて、わたしも死んでしまうのでしょう。それだけのことなのだとは思うのですが、心は落ちつきません。弟とか友達とか、また多くの先生方がこれまでに亡くなられました。それらの人びとが生きた時間は何であったのか。このように考えていると、息苦しくなってきますが、このような感じをいだくのはわたしひとりではないでしょう。

このごろでは、わたしは、自分と関係のあった他者、それが親であれ、友達であれ、その人の生きた意味を真に問うことはできないのではないか、とも思います。そもそも「人の生きた意味を問う」とはどのようなことかという問い自体が答えにくいものです。それが「問い」として成立するならば、どのような意味において成立するのかも問題になります。

自己が他者の生の意味を問おうとするならば、まず、自己が自己の意味をも問わなければならないでしょう。しかし、自己が自己の意味を問うためには、この今ある自分をまず否定する必要があるようです。自分が変わることなくしては、自己を問うことはできないと思われます。「自己を問う」とは、自己を否定してはじめて可能となることなのでしょうから。

浄土教の先達の方がたを見てみますと、阿弥陀信仰の中に生きつつ死に向かわれた人たちが数多くおられます。今述べてきたような「他者の時間の重みを引き受ける」方法をわたしは浄土教の伝統の中で探ってみたいと思います。

7 自力と他力

ここで考察のための基礎的な概念を整理しましょう。「自力《じりき》・他力《たりき》」という言葉が浄土教ではしばしば用いられます。「自力を捨てて他力によらなくてはいけない」というように。しかし、この「自力」、「他力」という言葉は仏教一般ではほとんど使われない言葉です。つまり、浄土教以外において自力・他力という概念は基本的には用いられません。もっとも後で述べるように、「自力・他力」という言葉が用いられないからといって、浄土教以外の仏教において同種の考え方がないというわけではありません。というよりも、宗教であるかぎり他力的要素がなくてはならないとわたしは考えています。

「自力」や「他力」という語の意味は、これらの語を用いる人がどこに立ってものを見ているかによってまったく違ってきます。山のふもとに立ってこれから頂上を目指す人にとっては、頂上は「彼方」にあります。しかし、すでに頂上に到着した人にとっては、頂上は「彼方」ではなく、「此方」です。そして、ふもとから頂上に登っていく人の行為は、すでに頂上に到着した人から見れば登ってくる行為となります。

第一章で見たA・B・C三点の図（本書四四頁）を思い出してください。AからBへの在り方は煩悩に満ちた俗なる迷いの状態です。B点は聖なるものとか阿弥陀などに当たります。宗教実践において一般に人はAからBに向かって進んでいくと考えられます。迷いに満ちた所から、俗なるものを否定して、聖なるものに向かっていきます。人に「AからBに向かって進む」力はないと考えられる立場もありますが、今はそのような考え方は置いておくことにします。

B点の内容は、人によって違います。大きな悟りを得られる方もいますし、小さな悟りを得られる方もあります。「大悟三回、小悟数を知らず」などともいわれます。修行の歩みを進めていって、どこかで自分というものがガラッと変わる時点があります。そのような時に人はB点に至ったのです。

そのB点から、今まで経験しなかった力に支えられて人の宗教的歩みは俗なる世界に戻ってきます。CあるいはBC（BからCまでのあり方）は元の世界を意味しますが、このC（あるいはBC）はA（あるいはAB）と全く同じ世界ではなくて、Bの聖なる力を得て、生まれ変わった世界です。

このような図を描きますと「AからBまでは自分の力で行くのか」と質問される方がおられることでしょう。その人はAに目線を置いて、そしてこのBを遥か上の方に見ているのです。また、ある人は「いや、それは違う」といいます。つまり、「ある修行者が修行をして、たとえAからBに行ったとしても、それは実は阿弥陀がA点にある者を引き上げているのである。それゆえ自分の力でBへ行ったと考えたとしても、違う観点から見るならば、それは仏がこの人を引き上げたのだ」といわれることがあります。このように考えてきますと、「自力」あるいは「他力」という概念は、目線をAに置くか、Bに置くかによって異なってくることが分かってきます。

8 往相と還相

「往相《おうそう》・還相《げんそう》」という概念に関しても「自力・他力」と同じように考えられます。かの「ABC三点の図」に即していうならば、AからBへ行くのを往相、BからCへ帰るのを還相であると一般には考えられています。しかし、先に述べたように、B点にすでに至った者、あるいは阿弥陀仏の立場からすれば、人がAからBへ行くのは阿弥陀仏が力を還しているすがた（相《そう》）であり、BからCへの歩みは阿弥陀仏が衆生へと往くすがた（相）であると考えることも可能です。

Aにいる人間がBに至る力を有するのか、それともAからBに至るという場合、Bに至った者がAにある者をすくい上げるのか、というような問題は、ヒンドゥー教でも論議されました。

南インドにおいて「猿猫論争」といわれるものがありました。子猿は親にしがみつくことができます。小猿が親にしがみつく力を有するように、人間は自分の力をある程度持っているのだというのが猿派の考え方です。一方、猫派は、子猫は親にくわえられて移動するではないか、わたしたち人間は「神」にしがみつく力もないのだと主張し、両者は論争を続けました。

この論争のどちらが正しいかという問いに答えることは簡単ではありません。この問いに答えるためには、自分がどこの伝統に属するかあるいは自分の目線がどこにあるか、という問題をまず考える必要があります。例えば、今、この「生の崖」から飛び降りて浄土に行きなさいといわれたとします。その時、自分のはからいを否定して素直に「浄土という谷」に飛び降りる勇気があったとしてみましょう。その場合、その最終的な勇気とは自分がふりしぼって出すものなのか、あるいは他者がなしたことなのかは、この事態の捉え方あるいは視座の問題です。「飛び降りた」としてもその力の出所をどのように考えるのかという問題は残ります。他人が背中を押したのではなく、自分で飛び降りたという限りにおいては、自分の身体の行動であったのですが、他者すなわち阿弥陀の力が「加わっていた」と考えることもできますし、その「飛び降りた」のはすべて阿弥陀の力によるものであったと考えることも可能でしょう。

「すべて阿弥陀の力によるものであった」と考える立場にあっては、日常のすべての行為も阿弥陀の力によるものだということになります。そのように考えた場合、政治的、経済的、文化的なすべての行動が阿弥陀の力によると主張することになります。「われわれは阿弥陀の力によって生かされている」ということは信徒にとってはまことに自然なことでしょうが、現実の具体的な行動の指針は「阿弥陀の力による」というのみでは生まれてきません。

「他力」の意義は不断の自己否定にあると思います。他力信仰とは、自己が自己の考えによって行動することを禁じているのではないとわたしは考えています。「臨終に際して自力は無力だ」といわれます。たしかに臨終に際しては自力を尽くすことはできません。「自分で何もできなくなること」が死なのですから。もっとも自分の、あるいは他者の死に際してどのような態度で臨むのかを準備することは、一日、二日でできることではありません。準備の時間にあっては「自力」が必要なのです。堂々巡りの議論になるようですが、その準備期間の「自力」も阿弥陀の力によるのだということも可能でしょう。ようするに、「自力を尽くすこと」が成立したとしても、それはいわゆる「他力」を否定したことにはならないということです。「自力のないところに他力はない」とわたしは考えています。

「自力を捨てて他力の信仰」に入ることができるか否かは、自分というこの身あるいははからいを捨てることができるかどうかの一点にかかっています。その場合でも、「自力を捨てる」こと自体、自分の力ではないとする立場が浄土教では見られます。このように、自力・他力という概念は重要なものですが、どこに目線を置くかで自力・他力の捉え方は違ってきます。

第四章　ブッダとアミダ仏

1　ブッダと阿弥陀の違い

わたしの妻の母親は岐阜羽島の出身で、真宗の信仰を持っていました。ずいぶん前のことですが、その義母から「釈迦《しやか》と阿弥陀《あみだ》とはどう違うのか。教えてくれ」といわれて、答えに窮したことがあります。今も明解に答えられるわけではありません。義母からは続けてもう一つの質問があり、「阿弥陀と親鸞《しんらん》さんとはどう違うのか」とも聞かれました。京都の東本願寺へ行きますと、阿弥陀堂よりも親鸞の御影《みえい》堂の方がより大きなものです。この第二の質問に答えることは第一のそれに答えるよりも難しいかもしれません。

釈迦あるいはブッダという言葉が指し示す意味内容やイメージは仏教史の中でさまざまに変

わってきました。ブッダとは釈迦族の太子ゴータマが悟りを得られてからの名称です。悟りを得たゴータマが初期仏教ではブッダとして崇められたのですが、そのブッダと阿弥陀とはそのイメージや働きなど明らかに違います。仏教徒にとってこの釈迦（ブッダ）と阿弥陀の違いは大問題です。

東南アジアの国々には、ほとんどのお寺に大きなブッダ像があります。しかし、そのブッダは、阿弥陀のように救い主ではありません。修行して悟りを得て人々を導いた師であり、向こう岸へ渡す渡し船の船頭なのです。ブッダは、イエス・キリストのように「わたしに来なさい」とは言われなかった。「犀《さい》の角の如く独りで歩みなさい」といって弟子を励まされたのですが、「わたしが救い主である」とはいわれなかったのです。しかし、阿弥陀仏は自分の名前を唱えるならば死後、自分の国に生まれることができるといいます。

2　仏教に入ってきた輪廻説

インド仏教の歴史は大きく三期に分けられます。仏教誕生から紀元前後までを初期仏教と名付けることができます。紀元前三世紀の中頃にマウリア朝のアショーカ王が出ますが、このアショーカ王の頃から仏教教団は多くの部派に分かれていきます（第一章3参照）。この分派した

図4－1　ブッダ像（アーナンダ寺院、バガン、ミャンマー）

図4－2　アミターバ（阿弥陀）（スヴァヤンブーナート博物館、カトマンドゥ）

かたちの仏教を部派仏教と呼びます。紀元前後から六五〇年頃までが中期、六五〇年頃から一二〇〇（一一三〇〇）年頃までを後期と呼ぶことができます。インドでは仏教は一二〇〇年頃以降、急激に衰えますが、インド亜大陸から仏教が完全になくなるのは一三世紀から一四世紀にかけてのことだと推定されます。

阿弥陀崇拝は、この区分でいうならば中期の前半には成立します。大乗仏教が興って、二世紀から三世紀ぐらいに『阿弥陀経』や『無量寿経《むりょうじゅきょう》』が成立します。浄土三部経のうち、『観無量寿経』はどこでどのようにできたのかはよく分かっていませんが、四世紀には成立していたと考えられます。このようにインドの仏教を前・中・後期と分けるとするならば、その中期の前半に主要な浄土教経典は成立していたのです。

阿弥陀信仰を理解するためには、「三身《さんしん》」の考え方を理解する必要がありますが、その前にブッダの前世を語るジャータカ物語（本生譚）について述べておきます。釈迦が亡くなって一〇〇年から二〇〇年くらい経ちますと、仏教の中にも輪廻《りんね》説が浸透してきました。輪廻説とは、自分の行為の核になるようなものが肉体の亡んだ後も存続して、死んでいくこの肉体はその核を包む衣だという考え方です。ようするに、衣が古くなると魂はその古い衣を捨てて新しい衣を被るという考え方なのです。

もともと仏教では魂が実在するとは考えません。釈迦の時代にすでに初期的な輪廻説はあったと思われますが、釈迦は輪廻説に対してはほとんど触れてはいません。ところが、紀元前一世紀頃になりますと、仏教の中にもかなり強く輪廻説が入ってきます。例えば、ブッダは前世では象の姿を採った菩薩《ぼさつ》であったが、自分の身を犠牲にして人を助けた。その功徳によって次の世では釈迦族の太子として生まれ、悟りを開いて涅槃《ねはん》に入り、それ以後はもう輪廻はされなかった。だから釈迦族の太子としての一生が輪廻の中の最後の生涯（生）だといわれる、というような話が生まれてきますが、ここでは輪廻説が受け入れられていたことが分かります。

ジャータカ物語は「わたしが前世で菩薩だった時にこういうことがあった」と釈迦が弟子たちに語るという形式を採っています。したがって、ジャータカはブッダの命が前の世と次の世という二つの世にまたがることを踏まえています。釈迦という人間が人々を救うために自分を犠牲にした、そういう自己犠牲が大事なのだという思想が芽生えてきたのです。ブッダが贄になっているのです。イエス・キリストが十字架にかかって人々の罪を背負って死んだというのと同じ発想が見られます。あまり良くない表現ではありますが、人々はブッダをまつり上げてしまったのです。

ジャータカ物語ではブッダ自身の過去世における修行が問題だったのですが、後世は太子が家族も家も捨てて修行者になったというような自己否定の物語をいかに解釈するかが問題になります。さらに、ブッダの涅槃に対してどのような意味を与えるかということが、大乗仏教において考えられました。また、ジャータカ物語が数多く作られるのは初期仏教の終わり頃と考えられますが、インド中期仏教の時代になっても作りつづけられていました。北インドにおいて浄土思想は初期大乗仏教の時代に成立します。インドの浄土思想においては、ジャータカ物語とは違った仕方においてかの太子の出家、ブッダの悟りと説法と涅槃に対して新しい解釈が与えられていったのです。

3　報身としての阿弥陀

紀元一世紀ころに大乗仏教運動が起きてきました。それまでの初期仏教と、大乗仏教との違いはいろいろ考えられますが、この違いのひとつに、ブッダ（釈迦）と阿弥陀（あるいは大乗の仏たち）の違いがあります。仏に対する考え方が違ってきたのです。

確かに釈迦の肉体は滅んでしまった。八つの部族の者たちが来て荼毘《だび》に付した。そのように彼の肉体は滅んでしまったけれども、釈迦の説いた法は肉体を超えてあるはずだ、そのように僧侶や信者たちは考えはじめます。確かに釈迦族の太子は亡くなられた。歴史の中に人間の姿を採って現れた方は亡くなられたが、釈迦はまた新たな姿をとって人々に法を説き続けておられるに違いないと考えるようになったのです。このような考え方は大乗仏教の時代になって生まれてきます。もちろんこのような考え方は一挙に成立したわけではなく、徐々に整備されて四世紀ごろまでには一応の形を採ったと考えられます。

このような新しいブッダ観は一般的に「三身《さんしん》」として説明されます。三身とは「法身《ほっしん》」、「報《ほう》身《じん》」および「化身《けしん》」の三つの仏の身体をいいます。「法身」（法身仏）は法そのものを身体とした仏です。「身」といっていますが、法そのものなのであり、姿かたちはありません。次に「報身」（報身仏）、この原語（サンボーガ・カーヤ）の意味は、修行の結果を楽しむ（サンボーガ）ための身体（カーヤ）を持った仏を意味します。悟りを得て人々を導く、人々がそれに従って修行し、救われるのを見て良かったと思う。つまり、仏ご自身の行為の結果を楽しむのです。そういう身体を持った方というのが報身です。「化身」（化身仏）とは、細胞で作られた身体という姿を採って歴史の中に現れた仏です。すなわち、釈迦族の太子であり、悟りを得られたゴータマその人です。

このように大乗仏教では法身・報身・化身という考え方が重要になります。キリスト教でいう「父と子と精霊」の三者に似ています。父とは法身であり、子は受肉したイエスですから化身です。精霊が報身に当たると考えられます。浄土教においては特に報身が重要になります。阿弥陀は報身なのです。

4　バクティを取り入れて

大乗仏教以前の初期仏教つまりテーラヴァーダ仏教と、大乗仏教との違いの一つは、バクティ崇拝を認めるかどうかにあります。「バクティ」は献愛、献信などと訳されますが、帰依と訳すこともできます。真宗において重要な『正信偈《しょうしんげ》』に見られる「帰命《きみょう》無量寿如来」の帰命と同じことです。人格を持った仏あるいは神との交わりによって魂あるいは心の救いを求めるあり方を、ヒンドゥー教では「バクティ」といいます。

たしかに仏教においてはヒンドゥー教におけるほど頻繁に「バクティ」という語は用いられません。しかし、インドにおけるヒンドゥー教や仏教の全歴史を考えた場合、仏教においてもヒンドゥー教におけるバクティ信仰と同種の「帰依」という崇拝形態があったと考えることは可能です。すがたと人格を持つ仏つまり報身仏への帰依を重視する浄土教は広い意味でのバクティの伝統を受けているのです。

われわれは阿弥陀にも、あたかも向こうにその人がいるような形で向かいます。阿弥陀崇拝は人格神（報身）との交わり、言葉のやりとりによって崇拝する信仰のかたちの一つと考えられます。ペルソナ（人格）を有する「自己を超えたもの」と交わり、対話することによって自分の魂が救われる、という考え方がバクティです。

バクティの伝統は紀元前後までの初期仏教には見られないものです。すでに述べたように、ヒンドゥー教においても、インド浄土教の台頭とほぼ時を同じくしてこのバクティ運動がさかんになります。阿弥陀に対する帰依あるいはバクティを説いた経典が『阿弥陀経』、『無量寿経』などです。

初期仏教における釈迦（ブッダ）への人々の態度はバクティとは異なっていました。釈迦は、先ほど述べたような人格神の存在を認めることなく、老いて、病を得て、死んでいく人のあり方に立ち向かわれたのです。したがって、大乗仏教においては釈迦の考え方と異なったあり方が仏教の中に生まれてきたといわざるをえません。ならば大乗仏教は仏教ではない、すくなくとも「釈迦の仏教ではないのではないか」という疑問も生まれることでしょう。事実、日本においても明治・大正の時代にはそのような見解がかなりの力を持っていました。しかし、今日では大乗仏教は仏教であるという考え方のほうが主流です。

このように、ブッダの宗教と阿弥陀の信仰では、歴史的な流れが違うのです。それは阿弥陀の信仰が仏教ではないということを意味しません。仏教であれば全時代、全領域を通じて同じ形態というわけではないのです。仏教はその伝播した地域と時代を通じて仏教として共通したものを持っているのですが、歴史上の釈迦（ゴータマ・ブッダ）に後世の仏教のすべてがそのまま存在したというわけではありません。浄土教と呼ばれているかたちは、初期仏教的要素をも持ちつつ、その歴史のなかでそれまでになかった要素を取り入れていったとわたしは考えています。

5　世界を飛び出そうとする働き

日本の浄土教では『阿弥陀経』『無量寿経』『観無量寿経』の三経典が特に重要です。その中の中心的なものである『無量寿経』は、長年にわたって読まれ、注釈されてきました。浄土教の人たちが所依の経典とされているこれらの経典をわたし自身はいささか日本の浄土教とは異なるように受けとめています。

わたしにとっては、阿弥陀如来と大日如来は共に重要な仏であります。大日如来も阿弥陀如来も報身です。もっとも大日如来を法身と考える伝統もあるのですが、今は一応報身ということで話を進めます。わたしがこれから申し上げることでは、大日如来が法身であっても成立することです。

ロケットが地球から出ようとする時に、ロケットを地球から引き離そうとするエネルギーと地球に引き戻そうとするエネルギーとの二種がありますが、阿弥陀はこの娑婆《しゃば》世界から外に向かって出て行くエネルギーに譬えられます。阿弥陀のエネルギーはこの汚れた世界を否定して「俗なるもの」を浄化しようとして進みます。一方、あくまでも娑婆世界の中にいて、世界を浄化しようとするのが大日如来です。ですからこの相反するかのように思われる二種のエネルギーは仏（ブッダ）の二つの側面だと思うのです。

釈迦は歴史の中に身体を持って現れて、法（ダルマ）を歴史の中で示しました。阿弥陀はこの世界を浄化しようとして世界から離れようとする法を表し、大日はこの世界の中に留まって中から浄化しようとする法を表した、とわたしは考えています。仏教において阿弥陀と大日以外に無数といってよいほどのほとけが現れたことはいうまでもないのですが、ここでは阿弥陀と大日の両尊の働きによって法を説いた仏陀の働きに焦点をあてているのです。

すでに述べたように、死の問題は仏教の中心問題であったのですが、この問題は浄土教の教えの中でも主要な問題として扱われてきました。一方、密教にとって重要なものであるマンダラ図には死は描かれてはいません。（マンダラについては第七章において改めて考察します。）あえていうならば、マンダラ図の外が死なのです。マンダラの伝統は世界としてのマンダラから出ることをほとんど考えません。もっとも人間の一生が生のエネルギーと死のエネルギー（エントロピー）との総体であると考えられるように、マンダラもまた生とその否定である死の総体であるという観点に立てば、マンダラの「半分」は死なのですが。

マンダラを現前に出現させた後、そのマンダラを圧縮してそれぞれの行者の身体に収めてしまいますが、マンダラ観想後に続く密教の修行は死の問題と関わります。密教の修行の詳細はともかくとして、われわれが生きることにとっては、マンダラという世界を超越しようとするエネルギーと、聖化された世界としてのマンダラの中へ留まってマンダラを持続させようとするエネルギーの二つとも必要なのです。

阿弥陀がこの世界から離れていくあるいは否定する働きを表すと述べましたが、それは世界を捨てるのではなくて、世界を浄化し、外から世界を救おうとしているのです。それは阿弥陀の世界への関わり方なのです。われわれが死ぬ時、この世界から出て行かなくてはいけません。世界から飛び出ることは死ぬということです。わたしを含めてここにいるすべての人が、間違いなくこの世界から出ていかねばなりません。どのような形でこの世界から出て行くのか、その時の一つのモデルケースを阿弥陀への信仰が語っているのです。

6　生あるがゆえに苦しむ

『無量寿経』のはじめに「如是我聞《にょぜがもん》」、つまり、このようにわたしは聞いた、とあります。聞くことによって、宗教的な世界がわたしたちに与えられるのです。われわれは、生まれたときにすでに世界を与えられていたのですが、今、言葉によって第二の誕生を受けるのです。「このようにわたしは聞いた」ということは、これが仏との交わりのはじめ、誕生です。「聞く」場合、当然、言葉を通して聞くことになります。しかし、言葉によって世界が与えられたということは、皮肉なことです。言葉によって世界が与えられなければ、われわれは苦しみも感じませんが、与えられたその世界ゆえに苦しむのですから。もちろん喜びもあります。しかし、われわれは与えられたその世界から飛び出すように、つまり死ぬように運命づけられています。これは逆説的です。生・老・病がなければわれわれの世界はなく、喜びも何もないのですが、生あるがゆえにわれわれは苦しむのです。

「一切は苦だ」という時の苦は、身体的な苦痛というよりは、「どうしようもない運命」という意味です。サンスクリットではドゥフカといいます。これは「悪い巡り合わせ」ということです。年をとって、老いて死ななくてはならないということは、われわれ生まれたものにとってはどうしようもない運命です。このことが「苦」と呼ばれてきたのです。

われわれには言葉が与えられています。仏教では、この与えられた言葉は否定すべき「俗なるもの」であり、すくなくとも一度は止滅させられるべきものです。言葉を消していくことが仏教の修行なのであるとさえいうことができます。

言葉を用いている限り悟りはないと仏教では教えます。龍樹《りゅうじゅ》は『中論《ちゅうろん》』（一八・五）の中で言葉（概念作用）から業《ごう》と煩悩が生まれると述べています。業と煩悩を滅して悟りを開くというのは、仏教の伝統的方法です。ただし業と煩悩がない世界というのは、われわれにとってはもはや死です。

そもそも仏教は、業と煩悩がない人に対しては説かれていません。煩悩と業があってどうしようもない人に仏教は説かれているのです。欲望などがなくなってしまった人、極度の鬱《うつ》になってしまったというような人は二五〇〇年前にもいたはずですが、意欲もなく何の行為もできなくなってしまった人がブッダかというと、そうではないでしょう。

業と煩悩の中に生きている人のための仏教、これも皮肉なことです。業と煩悩がなくなってしまえば死なのですから。亡くなってしまえばすぐ悟りかというと、そうではありません。死んだ人をホトケとわれわれはいいますが、あれは死体という代わりにホトケといっているだけのことです。死者には欲望はありませんから。

7　四十八願が成就されて

『無量寿経』巻上の冒頭に、大乗のもろもろの菩薩の徳を讃歎するところがあります。

（これらの菩薩は、まず第一に）兜率天《とそつてん》に処して、正法を弘宣《ぐせん》し、かの天宮《てんぐ》を捨てて、神《こころ》を母胎に降《くだ》す。（中村元・早島鏡正・紀野一義訳注『浄土三部経』（上）、岩波書店、一九六三年、一二〇頁）

これは、釈迦の母である摩耶夫人《まやぶにん》の受胎の話に似ています。かの経典ではこの後、大乗の菩薩たちが行ったことが書かれているのですが、菩薩たちは、出家し、行をして、悟って、人々を導き、涅槃に入ったと述べられています。すなわち、菩薩たちは釈迦の一生と同じことをしたと書かれているのです。というよりも、釈迦の一生をモデルにしているのです。

この後で、法蔵《ほうぞう》菩薩が願を立てる箇所があります。四十八の誓願を立てるのです。『無量寿経』の中の教主としての釈迦と弟子との対話の中で、弟子が「昔、法蔵菩薩という人が願を立てて修行したと聞いたのですが、あの方はどうなさったのでしょう」と釈迦に尋ねます。すると釈迦は「お前は知らないのか。あの方はもうとっくの昔に仏になって、極楽浄土という所で人々を導いておられる」と答えています。その仏が阿弥陀です。

四十八願とは、このようなことが実現されなければ自分は仏にならないという願です。したがって、法蔵菩薩がすでに仏になっているということは、その誓願がすでに成就しているということになります。法蔵菩薩が修行をされた後、仏になって、今や人々を導いておられるというのです。これはブッダの一生の、浄土教的な解釈です。帰依（バクティ）というそれまでになかった崇拝のかたちを受けて、こういったブッダの生涯の新しい解釈が行われているのです。

この後で、釈迦は弟子に「向こうの極楽を見てごらん。見えるか」と訊きます。そうすると弟子が「見えます」と答えています。

では、その極楽の様子を実際に見るにはどうすればいいのでしょうか。この経典が編纂された時代には人々は極楽浄土を自分の目で見ようとしていたと思います。

8　自分を投げ入れられるか

結論的にいって、阿弥陀と共に生きる人でなければその人に阿弥陀は存在しません。阿弥陀と一緒に生活している人のみに対して阿弥陀は存在するのです。「アジアの仏教の歴史では阿弥陀仏はこのように生まれてきた」などといっても、それは信仰の場面ではあまり意味をもちません。働きのある人格神との交わりの中で生きている人には阿弥陀は存在しますし、そうした交わりがない人には存在しないのです。

阿弥陀仏は街中に立っているビルディングのように物理的に存在するものではありません。物理的にないものであっても、「存在する」といえるものはあります。では、どうすれば阿弥陀がそこにあるということを確信できるのでしょうか。その方法は自分を捨てることであろうと思われます。

わたし自身は他者の存在の意味を完全には理解しておりませんし、この世界から消えていく恐怖を打ち消すことができないと告白せざるをえません。自分ではそれができないということまでは頭では分かります。分かるような気がします。ところがその先、それなら自分の身を崖っぷちから踊らすことができるのか。自分には自信はありません。ただこの状態では浄土を見ることはできないのだ、ということは分かります。

阿弥陀信仰とは少し異なりますが、修験道《しゅげんどう》の伝統の中に神懸《かみが》かり（神降し）があります。わたしは神懸かりになるとはどのような精神生理学的状態なのかという疑問を抱き、「神懸かりになる」ための訓練をすこしばかり受けたことがあります。その時も阿弥陀信仰に入る場合と同じような問題が起きたのです。つまり、自分を否定しつくさなければ神は降りてこないのです。フッと自分を投げ入れることができるかどうか、その一点にかかっています。結局わたしは自分を投げ入れることができなかったのですが、阿弥陀信仰にも同様のことがいえるのだろうと思います。何が怖いのか、自分を躊躇《ちゅうちょ》させるものは何なのかと問われると答えられないのですが、最後の一点で引き下がってしまう自分がいます。

念仏は易しい道、易行道《いぎょうどう》だといわれます。しかし、念仏門は坐禅より難しいと思われます。

比べるようなものではないのでしょうが、ともあれ、念仏は「易しい」道ではありません。「自分は身を投げた」などと言えば、これはまやかしです。「自分は阿弥陀を信じている」といっても、これもまやかしです。「自分は阿弥陀仏を信じている」といった瞬間に、もう信じている自分を見るだけなのですから。「自分を捨てた」といっても、捨てたと思った自分を見るだけです。しかし、一方では、今のわたしでないわたしとなって、身を捨てて、阿弥陀の声を聞くことは、もちろんできるはずだとも思っています。

他者の時間の重みを真に引き受けるためにはまずかのABC三点の図にいうB点に行かねばなりません。その時はじめて他者の時間の重みが理解されるのでありましょう。

9　浄土という時間

今日、念仏といえば「南無阿弥陀仏」すなわち「阿弥陀仏に帰依します」と唱えることと理解されていますが、仏あるいは神の名前を唱えるという行為は阿弥陀仏の名前を唱えることに限られているわけではありません。例えば、臨終に際して弥勒《みろく》の名前を唱えるならば、弥勒の浄土である兜率天《とそつてん》に生まれることができるという信仰がありました。『般若心経《はんにゃしんぎょう》』の最後の真言は般若波羅蜜《はらみつ》（悟りの智慧）と名付けられた女神にたいする呼びかけであり、この小さな経典は女神に対する呼びかけを薦めているメモなのです。『観音経《かんのんぎょう》』においても困難に遭遇した時に観音菩薩の名前を唱えるならば、その困難はたちどころに解決すると述べられています。ヒンドゥー教においても神の名を唱えること（キールタナ）はよく知られた宗教実践です。

人は念仏つまり仏の名を唱えながら、仏あるいは神と念仏と一種の交わりを行います。仏あるいは神からの実際の返事があるわけではありませんが、自分が名を唱えるあるいは呼びかける相手はペルソナ（人格）を有する存在です。

人は自分の時間の終わりを意識して念仏します。念仏において自分を差し出すのです。心肺停止する瞬間ではなくともわれわれは刻々と終わり（死）に向かって少しずつ自分を「何ものか」に渡しているのです。その「何ものか」は恐ろしき暗黒ではなく、聖なる寂静の「時」です。その聖なる「時」を阿弥陀と仏教の伝統は名付けてきました。念仏とは死に向かって少しずつ自分を聖なる時に渡し続ける阿弥陀との交わりなのです。

人は死に際してかの聖なる時の中に飛び込むのです。心肺停止の時は最終的な大きな飛び込みですが、実際に今も飛び込んでいるのだと思うのです。自分の時間の死というものに接しながら人は自分の時間の終わりごとに無時間の自分との世界とは違うところに飛び込んでいます。「自分の時間の終わり」とはかならずしも心肺停止の段階をいうわけではありません。心臓は生きている限り動いていますが、拡張と収縮を繰り返します。われわれの息も吸う場合と吐く場合とが交互に繰り返されます。ちょうどそのように念仏にあっても自らの生と死が小さな規模においてではありますが、繰り返されるのです。その繰り返される小さな死の度に自分の自らの生の時間を名を呼んでいる相手に託します。心肺停止の時が近づけば最終的に己が存在を託すのです。その死の時間は物理的に計ることのできる日常的な時間ではありませんが、その時間をわたしは浄土と呼んでいます。

第五章　帰依の構造

1　自己とは何か

前章で扱った「他者の時間の重みを真に引き受けること」の考察を続けます。他者の時間の重みが感じられるのは、「縁起《えんぎ》せる世界」においてであります。

われわれはひとりではいきていけません。生まれてから死ぬまで他人の中にあります。「生まれてくるときにはともかくとして、死ぬときは独りだ」と多くの人がいいます。しかし、いわゆる孤独死であっても、心肺停止のその瞬間までは人は他者とともに生きた世界の中にいるのです。そもそも死の瞬間まで存続した肉体は他者あるいは社会の中で作られた産物なのです。

ところで、他者とは何でしょうか。

夫婦であること、親子であること、あるいは友達であること、つまり他人がいることとは、どのような意味をもつのでしょうか。夫は妻と子どもたちに対しては、家族以外のものに対してよりもより大きな関心を持つことでしょう。しかし、彼はどこかで「自分は自分でしかありえない」と思っているかもしれません。それは妻や子供に無関心だという意味ではありません。いかに家族にたいして心を砕いていても、夫はあくまで夫であり、「自分」でしかありえないのです。

しかし、いったいこの自分あるいは自己とは何でしょうか。普通、わたしたちは今の自分と数時間後の自分とは同一の人間だと考えています。これはどのようにして可能なのでしょうか。人間は記憶を有し、学習することができるからだ、とある人は答えるでしょう。

問題は、そのような学習や記憶が一つの個体に集積されたとしても、その集積はどのような普遍性と確実性を有しているのかということです。ともかくも「自己」であれ「自我」であれ、ともかくも「自分」が成立しなければ、社会と関係を持ちえません。それは確かです。そうなのですが、実は「自分」はわれわれが一般に考えているほど、信頼に足るものではないようです。

通常、夫婦は生活を共にしていますが、どうして一緒にいるのでしょうか。そもそも夫婦とはどのような関係なのでしょうか。また、親子という関係、これは一体どのようなことなのでしょうか。親子なら何でも話し合えるわけではありません。親子であるから話せないことも多くあります。

何人も自分一人で生きていくことはできません。そのことは誰もがわかっています。少なくとも、わかっていると思って暮らしています。しかし、ほとんどの時間、人はそれぞれ自分のことを考えています。自分は今晩何を食べ、明日はこんなことをしたいということを思って暮らしています。人間は七、八割、自分のことを考えて暮らしているといういい過ぎでしょうか。「自分のために一番良いことが他人にも良いことだ」などという人もいます。

他者（あるいは他人）とは何をもって他者というのでしょうか。自分の腕を振りまわせば人の体にあたります。手を伸ばせば、握手もできます。しかし、他者のことを思うというのはいかにして可能なのでしょうか。人が生まれてもっとも近くに接する他者は父や母でありましょう。わたしの父や母はこの世には存在しません。もっともいなくなっても、近くにいた他者だという記憶はあります。したがって、その近くにいた存在を思い出しながら、他者であったことの意味を尋ねることになります。

すでにこの世にない者が過去において存在したことの意味を考える時、世俗的な次元を越えて考える場合が多い気がします。すなわち、しばしば宗教的な世界の中に踏み込んでいくようです。すでにこの世に存在しないものの意味を問うということは日常的な次元においては困難です。しかし、考えてみれば、今も生きている夫あるいは妻の存在の意味を考えることも、かつて存在した人の生きた意味を問う場合と同様に、俗的な次元を越えた営みかもしれません。

再び問うてみましょう。なぜ夫婦は一緒に暮らすのか。その方が便利だからでしょうか。「自分は妻を愛している」あるいは「夫を愛している」といっても、愛していることを愛しているかもしれません。自分にとって都合が良いから夫婦という社会的枠組みの中で一緒に時を過ごしてきたのかもしれないのです。そのような社会的枠組みを守ったほうが自分にとっては便利なのだと思っているだけということもありえます。たしかに人と共にいることは喜びなのですが、自分の喜びが本当に妻の喜びでもあるかどうかはわかりません。人間の関係、つまり他者がいるということ、そして自分の他に自分を持った人間がいるということは、いかにして理解できるのでしょうか。

生きている間はまだその関係について互いに話し合えます。ところが、片方が死んでしまったときはどうでしょうか。死んだ人は生きている者の中の記憶の中に生きている、とよくいわれます。それはそうかもしれません。しかし、それはわたしの記憶の中のことにすぎません。いったい母なり父なり、かの存在そのものは何であったのか、という問いはどのような意味において可能なのでしょうか。わたしにもっとも近い他者であったその時間の重みは、どのようなものであるのでしょうか。そもそも自分が他者というものの時間の重みを分かることができるのでしょうか。

2　自分を超えたもの

われわれは世界の中で他者とともに生活しています。特に「近い」他者に対しては「自分」は深く関わります。そのような場合、その他者が自己空間のほとんどを占めているような状態になり、「自分」は「自分でない自分」とでも呼ぶような存在になります。他者との自己同化が起きているのです。しかし、たとえ自己同化が起きたとしても、他者は他者なのです。自分に起きたのと同じような自己同化が常に他者に起きているとはいえません。むしろ両者の間で同じような、あるいは同程度の自己同化が起きることの方が珍しいと思われます。わたしは今、夫婦とか恋愛関係にある二人が自己同化すべきであるなどといっているのではありません。互いを自分自身のことであるかのように思いあう二人であっても、自分と他者の二人でしかありえないという事実があることを述べているのです。

自分が行為するときにはしばしば自分を意識して行為します。また「自分でない自分」に対して行為するときには、自分の「本音」が自分の心の鏡にいっそうはっきりと映ります。自分と他者との二人がいる、あるいは自分が複数いるということはどういうことなのでしょうか。

自分の他に違う自分がいること、あるいは「自分」が無数の他者を真の意味でわかることは可能ではないかもしれません。少なくとも、自分が他者をよりよく理解しようという、自分からの努力によってはおそらく自分が納得行く了解は得られないでしょう。他者といかに関わるか、他者のことをどのように理解するかは、非常に難しくほとんど絶望的な問題だと思います。宗教と呼ばれてきた人間の営みが関わってきたことの核心はいかに他者の時間の意味を理解できるかという点にあります。

人はどこかで超越に関わろうとしています。宗教が、神とか空《くう》とか無というものに関わってきたのは、そういった自分の努力では不可能なものに直面したときに、自分を超えている、あるいは自分の前に現れる聖なるものにいかに近づくか、という問題に行き当たっているからでしょう。

人間を越えたものの存在をはじめからあるいは無前提に認めるのは危険なことです。「自分を越えた存在をはやばやと認めてしまうのではなくて、まず慈悲《じひ》の行為などの実践をすることが重要だ」と多くの人がいいます。たしかに「慈悲の行為」をともかくも実践してみることは重要でしょう。しかし、われわれが行う慈悲の行為はほとんどの場合、慈善というか、自己満足の為の慈善にすぎないのではないでしょうか。他者を理解するということがそもそもどのようなことかを改めて考えさせられます。反省する自分に引き戻されている自分を感じます。

自分の行っている行為を反省する場合、「人間は真の意味の愛とか、慈善を自分で突き詰めることができるか」という問いに直面します。このような問いを続けていくことは、しばしば人を不毛で自虐的な反問の連鎖にひきずりこんでしまいます。

世界には複数の人間が存在して、自分と他者との関わりがありますが、自己と他者の関わりは不確かなものだという予感を持ちつつ、われわれはお互いを理解し合おうとしています。他者が理解できなくてもよいというつもりはありません。ただ、他者を真の意味で理解することはわれわれが普段考えているよりもはるかに難しいことでしょうし、それは普通に自分たちの道徳的、あるいは連続的な努力のみによっては不可能なことでしょう。阿弥陀《あみだ》の本願はこのことを指しているように思われます。

「阿弥陀の本願」といいました。自分の力あるいは行為に関わることをやめて、阿弥陀あるいは「神」と呼ばれている存在に自分のすべてを任すということができればまた別の道が開けてくるのかもしれません。しかし、それが具体的にどのようなことであるのかははっきりしていません。自己を問い続けるという作業すなわち「反問」は、時として甘美で自虐的な行為となります。反問の過程で答えを見つけたと思っても、次の瞬間には「答えを見つけた」と思ったにすぎない自分を見ることになります。このような問いの連続に関してはすでに拙著『ブッダの哲学』（法蔵館、一九九八年、二二六頁参照）において考察したことがあります。

その書の中ではわたしは反問の連続がどこかの時点で突然、方向を変えると述べています。当時、そのことは「聖なるもの」あるいは阿弥陀の力によって起きると考えていました。つまり、自己否定の連続である反問が、ある時点で、自分とは異なる力によって肯定される（あるいは許される）と考えていたのです。そのことに関しては今も間違っていないとは思うのですが、かの「転回」（あるいはひるがえり）に関して自分の身体が納得していないことを認めざるをえません。

3 「転回」の構造

かの転回あるいはひるがえりがどのような構造を持っているのかを考えましょう。「転回点」とはいいましたが、かの「点」（B）も構造を有していると思われます。自己否定的行為が他者（阿弥陀等）によって肯定的な歩みに変えられるということは、真実でありましょう。そして、その転回点を経た後も、自己否定的な反問は続くのだと思います。しかし、どのような力が自己否定的なわたしの歩みをどのように否定し、どのようにしてそれを許すのかを明らかにしなければなりません。

龍樹《りゅうじゅ》は言語が運命的に有している多元性（プラパンチャ）、例えば、主語と術語への分裂を一度なくしてしまうことがかの転回を可能にすると考えました。以前に述べた「ABC三点の図」（第一章9）でいえば、A点からB点に至って、B点からC点へと反転するのは、かのプラパンチャを完全に抑制することによって可能になると考えました。しかし、かの図に即して考えるならば、A点からB点に至るヴェクトル（方向を伴った運動量）がどのようにしてB点からC点へと向かうヴェクトルへと変わりうるのかを龍樹は詳しく述べていません。

わたし自身はこのような問題を「煩悩と悟りは本来一体のものだ」「聖と俗は一つだ」といった逆説的発想によって扱いたくはないのです。方向の異なるヴェクトルがぶつかり合うときには、方向の異なる力がどのような交わりをするのか、さまざまなパターンがあるはずです。はっきりしていることは、方向の異なるヴェクトルがぶつかりあったとしても、そこはけっしてカオスや破壊ではないことです。

B点ではどのような交わりがあったのでしょうか。おそらくはB点に到着した時、すなわち、聖なるものあるいは阿弥陀が訪れた時、AからBへと向かっていた行為者の時間はそれまでとは異なった時間の中に入った後も存続したと思われます。そうでなければ、B点からCへと戻るとき、人はもはや行為をすることはできなくなるでしょうから。B点から戻るとき人は自分とは異なる方向の力を持ったものに接しながらも自分自身の「左回り」という方向を保ちつつ、しかし自分の進む方向は変えられるのです。

まだ問題が残っています。「それまでとは異なった時間」とはどのようなことか、ということです。「時間」という概念を導入することによって話がますますややこしくなると思われるかもしれませんが、時間という概念を用いることが最も賢明な方法と思われます。どのような行為も時間の関数として考えられますが、宗教実践も一種の行為であります。A点からB点に向かう行為およびBからCに向かう行為はそれぞれ方向を伴った運動量（ヴェクトル）として考えられます。A点からB点に向かうヴェクトルは俗なるものから聖なるものへ向いていますが、継時的です。つまり、宗教実践あるいは修行には長い時間が必要です。しかし、B点からC点に向かうヴェクトルは、聖なるものから俗なるものへ向いているのですが、――個人的な精神的至福を求める宗教実践の場合に限りますが（立川『仏教原論』KADOKAWA、二〇一九年、三六頁参照）――瞬間的なものです。実践者は、B点あるいはその近くにおいてそれまでの自己否定的行為が「自己肯定的行為となった」と感じるのですが、その気付きは瞬時に行われます。ではB点あたりではどのような時間が流れているのでしょうか。厳密にいえば、A点から進んできたヴェクトルがB点に到達するその瞬間とB点からC点へと向かうその瞬間の関係が問題なのです。

空に向かって投げられた石はある時点で地上に向けて落下し始めます。落下し始めるまでの「飛行」の原動力は一般に投げた人の力です。落下し始めるのは地球の引力の方が、その時点で投げた人の力に勝ったからです。空中に投げられた石の軌跡は、かのＡＢＣ三点の図に見られる二種のヴェクトルの動きと似てはいますが、大きな違いがあります。それは、ＡＢＣ三点の図ではＢ点によって表される聖なるものの力が考えられているのですが、石の飛行の場合には、石が飛行していく方向にあって、石の運動を助けるといったような力は存在しないことです。聖なるものはＡからＢへと運動する者をＢ点の方へと「引き上げよう」とする力を有すると考えられます。このような「引き上げよう」とする力はその「聖なるもの」が人格（ペルソナ）を有する存在である場合により顕著です。

第六章　帰依と真言――『般若心経』の方法

1　『般若心経』と真言

『般若心経《はんにゃしんぎょう》』（心経）には「色即是空《しきそくぜくう》、空即是色《くうそくぜしき》」という有名な句があることもあり、この経典は空の思想を説いていると解釈されることが多かったようです。しかし、この経典は女神般《はん》若波羅蜜多《にゃはらみた》（プラジュニャー・パーラミター）の真言（マントラ）を唱えることを薦めています。そのような意味では、『心経』は本書第二章で扱ったと同種の帰依について述べているのです。もっとも悟りの智慧の神格化である女神般若波羅蜜多は、阿弥陀仏《あみだぶつ》のように死者の魂をすくい取ろうとするような尊格ではありません。またこの女神は仏ではないので彼女が住む固有の国土があるわけではありません。しかし、自分が所有すると考えていたすべてのものが空であると知って、ただひたすらに悟りの神格化である女神般若波羅蜜多の名を呼ぶというのは帰依という方法と似ています。

『般若心経』はアジアのさまざまな地域において親しまれてきました。サンスクリット、チベット語、中国語など、各地域の言語で読まれ、唱えられています。中国では、南方の福建省や北の北京などで『般若心経』に節をつけて歌われています。『般若心経』のサンスクリット原文が残っていますが、それは韻文ではなく散文です。韻文であれば、このような調子で読むのだということがはっきりするのですが、散文ですから、かつてどのようなリズムで読まれたのかは分かりません。

チベット仏教圏では、日本で一般に知られている『般若心経』のほぼ二倍の長さのヴァージョンが読まれています。もう半世紀も前のことになりますが、二人のチベット仏教僧(ケツン、ソナム両先生)が東京の駒込にある東洋文庫という研究所に滞在されていました。チベットの言語や文化を研究するプロジェクトに参加されていたのですが、学生であったわたしもこのプロジェクトに参加する機会を得ました。当時、レコード盤に似たものに音声を録音できる機械が売り出されていました。わたしはケツン先生にお願いして『般若心経』をそのレコード盤式録音機に吹き込んでもらい、それを繰り返し聞きました。

わたしが『般若心経』のチベット語訳に接してからもう半世紀の時が過ぎました。この経典の内容が重要であることはもちろんなのですが、最近ではこの経典の内容とは別のところにも、この経典の意味があると思うようになりました。それは、声を出して経典を読みあげることです。

『般若心経』に限らず、仏教の経典は一般に声を出して読まれます。チベット仏教の寺院には巾五〇センチほどの長い、羊羹《ようかん》のようなかたちの机があって、僧たちが両側から相対して坐り、大声で経典を読みあげます。カトマンドゥ盆地を訪れるたびにわたしは、チベット仏教の寺院での勤行《ごんぎょう》を見ることにしています。以前は、小僧さんたちが甲高い大声で経文を読みあげるのを聞いて、おそらく意味も分かっていないんだろうが、かわいらしいな、というくらいにしか思っていませんでした。

最近では、重要なことを見落としていたと思うようになりました。このごろはケツン先生の録音を聞くことはありませんが、ケツン先生やソナム先生が経典を読まれたときの姿勢とか声の調子は今もよく覚えています。声を出さなければならないように声を出している、あるいは何ものかに呼びかけているようでした。少なくとも書かれた文章を読みあげているという感じではありませんでした。

『般若心経』はさまざまな人によって用いられています。真言宗の寺院はいうに及ばず、禅宗や修験《しゅげん》の人々によって、あるいは会社の毎朝の集会などでも読まれています。この経典を読みあげ、あるいは唱えている人々を見ておりますと、その人々の行為は、経典を読むというよりは、「声を出すこと」を目的にしているかのようです。カトマンドゥ盆地で見たチベット僧たちの読経《どきょう》にもそのようなところがありました。

人間は、気分が高揚したり、「聖なるもの」に接したりした時には、思わず声を上げます。目の前に誰かあるいは何ものかがいる時にもそれに呼びかけます。目の前に誰か、あるいは畏敬の念を覚えるような「聖なるもの」に接したときにも、それに呼びかけます。『般若心経』を唱えるのもこのような呼びかけの一種ではないかと思うのです。

2 『般若心経』は「経」ではない?

この章の始めに触れましたが、『般若心経』は「空」の思想を説いたお経である、というよりも、実は般若（悟りの智慧）という女神への呼びかけをすすめているものだと思われます。

インドでは古来、宗教的な儀礼において、真言（マントラ）が重視されてきました。よく知られた「オーム」というのも一種の真言です。これは仏教誕生以前にも唱えられており、おそらく紀元前一〇〇〇年以上前にもオームという真言が使われていたと思われます。

このオームという真言は、サンスクリットのアルファベットの最初の「ア」と途中の「ウ」

と最後の「ム」を合わせて「アウム」となって、それが「オーム」と発音されるのです。ようするに、これはAからZまでとか、アルファからオメガまでというのと同じことで、すべてのもの、世界を意味します。

真言を唱える際、始めのサインであるかのようにオームといってから真言を唱えます。オームから始まる真言は数多くあります。密教では「カカカ」とか「パット　パット　パット」といった真言が用いられますが、それらの表現自体には意味はありません。もっとも「キリキリ」というのもあって、これはドアを開ける時とか閉める時の擬音語であるという説もあり、キーラすなわち「魔ものに打ち込む杭」を意味するという説もあります。

擬音語や擬声語、あるいは単純な母音の繰り返し、子音と母音の組み合わせの繰り返しなどがマントラの中で用いられます。「カカカ」とか「パット　パット　パット」といった言葉には意味がないのでしょうが、意味はそれらの声が発せられることにあります。つまり、これらの真言は、行者が密教的なヨーガを行った際、その身体に精神生理学的に変化が起きたことによって、自然発生的に生まれた声だと思われます。

密教的なヨーガの場合は、禅などの古典ヨーガと違って、行者の気分が高揚します。そのような場合、声が自然に出ます。これが真言の原型だと思われます。そういった声が出たときには、少なくともその瞬間は、われわれは言葉あるいは文章を作る能力を失っています。言語中枢が充分に機能していないために、生まれてくる音声は言語あるいは文章ではなくて、単純な音の羅列に過ぎないことがあります。ほとんどの場合、母音が多くなります。このごろはあまり見かけませんが、神道の巫女が鈴などを持ってうたうときには、意味のある文章を語っていない場合がほとんどのようです。母音の羅列でリズムもなくて、メロディだけがあるようなものを発していることがしばしばです。これは聖なるものに接したときの叫びといってよいでしょう。

『般若心経』も実は真言を述べた文献なのです。法隆寺《ほうりゅうじ》にこの経典の世界最古の写本が残されていることはよく知られています（写本写真に関しては、中村元・紀野一義訳注『般若心経　金剛般若経』、岩波書店、一九六〇年、写真頁参照）。その写本の最後にタイトルが書かれています。そこには「般若の心（フリダヤム）」と書かれているだけで、「経」（スートラ）という字はありません。これは書き忘れたのではなくて、これが正しいと思われます。この「心」とは、真言の一種である「心真言《しんしんごん》」を意味します。『般若心経』は真言つまり般若波羅蜜多の真言を唱えることを薦めているメモだと思われます。

3　般若波羅蜜多は女神

『般若心経』という経典は、書けば一ページ、唱えれば五分もかからない、ごく短い経典です。この経典には、一般の常識を覆すような、逆説ともとれる表現や、謎めいた呪文のような真言（マントラ）が盛り込まれております。そういったことも原因となって、この経典は千数百年の長きにわたって、人々の心を惹きつけてきたと思われます。

『般若心経』の般若とは、くわしくは「般若波羅蜜多」（プラジュニャー・パーラミター）といいます。サンスクリット（梵語）では、プラジュニャーというと智慧のことです。また、プラジュニャーは女性名詞であり、ここでは智慧が女神として考えられています。般若とは、プラジュニャーの訛った形「パンニャー」を音写したものです。波羅蜜多とはサンスクリットの「パーラミター」の音写です。

パーラミターの意味に関して、少なくとも、二通りの解釈がなされてきました。パーラム（pāram）とは、向こう岸、彼岸ということであり、「パーラミ」の最後の音「イ」（i）は行くを意味します。「タ」とは過去受動分詞を作る接尾辞で、「イター」（itā）とは行ったもの（あるいは者、女性形）を意味します。このようにして「パーラミター」は迷いの河の向こう岸へと行った女性（女神、pāramitā）という意味に理解されました。これが一つの解釈です。

もう一つの解釈は、「パーラミ」（pārami）という語に由来するという解釈です。パーラミとは完成という意味で、「ター」（性）とはそういう状態であることという意味の抽象名詞を作

図6―1　寺院本堂の壁に描かれた般若波羅蜜多（パタン市、カトマンドゥ盆地）

る語尾です。したがって「パーラミター」は完成した状態という意味になります。このように考えるのが第二の解釈です。最近の研究者の間ではこの二番目の解釈が正しいということになり、「完成」という訳をあてることが多くなりました。どちらの解釈が歴史的に正しいかはまだよくわかっておりませんが、『般若心経』の最後に述べられる真言において般若波羅蜜多を「ガター」（行った女性、至った女性）と呼んでいますから、第一の解釈の意味のように『般若心経』のもともとの編者は理解していたと考えられます。チベット語訳の場合も漢訳と同様に、「彼岸にお行きになった者」（パロルトゥチンパ）と訳されています。

すでに述べたように、第二の解釈では、波羅蜜多を完成の意味と考えますが、この完成とは、元来は悟りを開くための菩薩の修行項目なのです。「完成」とはいいますが、これはまだ実践過程にあるものですから、まだ完成には至っていないのです。智慧を完成させることが般若波羅蜜と呼ばれているのではなくて、あくまで智慧は、般若波羅蜜という名の修行項目なのです。智慧を得ることという修行項目の他にも、布施《ふせ》をすることなども布施波羅蜜というパーラミターです。戒律を守ること、耐え忍ぶこと、努力すること、坐禅をすること、これらに智慧波羅蜜を最後に加えて、六波羅蜜といいます。つまり、智慧というのもあくまで修行の一つなのです。仏教では、これで完成した、終わったのだと思い込むことを嫌います。修行を止めてしまわないよう、修行者をいさめるためにも、修行が完成したとはいわないのです。

すでに述べたように、「般若波羅蜜多」は悟りが神格化された女神の名前なのです。日本では女神としての般若波羅蜜多像はあまり知られていません。ところが、インド、チベット、中国、ネパールでは、プラジュニャー・パーラミターといえば、人々はすぐ女神を思い出します。この女神は一般に本と数珠《じゅず》を持った姿で表されます。この経典のチベット訳のはじめには、この経典のタイトルが「女神（バガヴァティー）般若波羅蜜多の経」と記されています。

4　如是我聞の形式をとらない

『般若心経』の現在のかたちは、インドにおいておよそ紀元三〇〇年～三五〇年ごろに成立したと考えられます。わたしたちは『般若心経』と呼んでいますが、経典の形をとったのは、少し後だろうと思います。つまり、「般若の心」のメモがあって、後世、「経」（スートラ）のスタイルをとったのでしょう。

仏教の場合、「経」は一定のスタイルを持っております。仏教では「経」と「律」と「論」を三つの蔵、つまり三蔵《さんぞう》といいますが、仏教の典籍はこの三つに分けられます。このうち経は、釈迦《しゃか》がある場所で誰々に向けて説いた、という形式を持ちます。そしてほとんどの場合、その冒頭は「わたしはこのように聞いた」という文章で始まります。「わたしはこのように聞いた。ある時、世尊《せそん》はこの場所で、誰々と一緒におられた（如是我聞、一時仏在……）」というのが、経の形式なのです。

ところが玄奘《げんじょう》訳の『般若心経』つまりわれわれが一般に読んでいる『般若心経』には、この部分がありません。『般若心経』には大本と小本の二種類があって、二倍弱の長さの大本にはそれが付いています。大本のサンスクリット・テキストやチベット訳には「わたしはこのように聞いた。あるとき釈尊は王舎城《おうしゃじょう》におられた。王舎城におられて、菩薩と大衆と共におられた……」とあります。このように完全に「経」の形式を持っている心経と、「般若の心」（般若の心真言）といわれる心経とが、それぞれどのような歴史的経過をたどってできたのかについては、ここでは立ち入らないことにします。

三蔵のうちの「律」というのは、教団に属する僧侶の規定です。罰則を伴うものを「律」といい、伴わないのが「戒」です。日本ではまとめて戒律といっています。

「論」とはいわゆる論書です。これは龍樹《りゅうじゅ》が書いたとか、世親《せしん》が書いたとかいうように、ほとんどの場合、著者名がわかっています。「経」は釈迦が亡くなって一〇〇〇年たってから成立したものであっても、釈迦が話されたことになっております。「このようにわたしは聞いた」という形式が守られているのです。

このように古いかたちの『般若心経』は、厳密な意味では「経」ではなかったのですが、後世「経」として扱われてきたといえましょう。

『般若心経』という経典がインドにおいて成立した四世紀ごろまでには『阿弥陀経』などの初期大乗仏典をはじめ、『法華経《ほけきょう》』や『華厳経《けごんぎょう》』の大筋などもおおよそ出揃っていました。大乗仏教に理論的なモデルを与えたといわれている龍樹は紀元一五〇年〜二五〇年ごろに活躍していたと考えられています。そして『倶舎論《くしゃろん》』などで知られる世親はおよそ四〇〇年ごろの人です。おそらくは、龍樹と世親の間の年代で、この「般若の心」といわれるものができあがったと考えられます。

すでに述べたように、仏教が誕生してから紀元一世紀ごろまでを初期仏教、紀元一世紀から六五〇年ごろまでをインド中期仏教、そして六五〇年からインド仏教が消滅する一二〇〇年〜一三〇〇年ごろまでを後期仏教とわたしは名づけています。紀元前の仏教である初期仏教は、儀礼に関して冷淡、あるいは消極的な態度をとっていました。四世紀ごろ、つまり初期大乗経典が出揃ったあたりからは、古代インドで行われていた儀礼を仏教が積極的に自らの体系の中に取り入れようとしました。

例えば、日本の密教系の寺院に残っている護摩《ごま》は、古代のバラモン系の儀礼が仏教の中に組み入れられて今日に至っているものです。このような形の仏教を仏教タントリズム（密教）と呼んでおります。仏教タントリズムはインドでは大乗仏教の中の一つの形態として発展しました。大乗仏教が終わって密教が出てきたのではなくて、大乗仏教の中の一つの運動として仏教タントリズムがあったのです。

大乗仏教は一四世紀頃までにはインド亜大陸から消滅しましたが、今日、北インド、ネパール、中国のチベット自治区や青海省、モンゴルさらには日本において、この仏教タントリズムの形が残っています。最近まではバリ島にも残っていました。このような仏教の歴史の中で、『般若心経』という経典も理解されるべきです。『般若心経』は仏教タントリズムの運動の最も初期のものと考えられます。

『般若心経』あるいは「般若の心」の主題は、「ギャーテー　ギャーテー」（ガテー　ガテー）云々といった真言を述べることにあります。真言が強調されるということは、仏教タントリズム（密教）の要素を含んだ経典であると解釈できないわけではありません。真言が重視されるということは、紀元一世紀までの初期仏教にはありません。さらには初期の大乗経典、つまり一～二世紀の経典にもまず見られないことです。龍樹もマントラの重要性については述べていません。もっとも真言が強調されたからといって密教経典であるということはできません。たとえば『法華経』のある章は真言を扱っていますが、だからといって『法華経』が密教経典であるということはできません。『般若心経』には、一頁足らずのメモであるということはありますが、マンダラとか護摩といった後世の密教において重要になった要素への言及はありません。

そうではあるのですが、後世の『北京版西蔵大蔵経』において『般若心経』は非密教系の「経部」と密教系の「タントラ部」の両方に入れられています。これはチベット仏教において『般若心経』が密教的要素を含むと判断されたことを表しています。わたし自身は『般若心経』が密教経典であると主張するつもりはありませんが、密教においては真言が重要な要素となることおよび『般若心経』が真言に深く関わっていると考えています。

5　五蘊は自体を欠いている

『般若心経』といいますと、日本では三蔵法師玄奘の訳した漢訳が一般に用いられています。この玄奘訳の冒頭は、「観自在菩薩《かんじざいぼさつ》　行深般若波羅蜜多時《ぎょうじんはんにゃはらみたじ》　照見五蘊皆空《しょうけんごうんかいくう》」とあります。この意味は、「観自在菩薩が、深い般若波羅蜜多を行じていた時、五蘊は皆空であると見抜いた」

ということです。この箇所のサンスクリットの原文も残っています。

大本の『般若心経』は、行に入った観自在菩薩が得た智慧の内容を仏弟子シャーリプトラ（舎利子）に述べる、という形式をとっています。教主としての釈迦は何も語らず、最後に三《さん》昧《まい》から起きて、そのとおりだ、というだけです。後は、かの智慧の内容を釈迦の念力で観自在菩薩（観音菩薩）に語らせるのです。

かの引用文のうち、「五蘊皆空」という箇所が問題です。まず、五蘊とは何か。これは五つのグループという意味で、色《しき》・受《じゅ》・想《そう》・行《ぎょう》・識《しき》と訳されております。この五つによってわれわれの心身ができていると、当時の仏教では考えられました。五蘊に関しては本書第一章7においてすでに述べましたので、ここでは五蘊の説明は省きます。

玄奘訳では「五蘊皆空」とありますが、サンスクリットやチベット語訳では、「五つのグループ（五蘊）は自体が空なるもの（自体を欠くもの）である」となっています。「空なるもの」とはサンスクリットでシューニヤといいます。この語は英語でいえば形容詞です。つまり他の語を修飾しているのです。この場合は「五蘊」という語を修飾しています。「自体が空なるもの」とは、自体（自性）がないもの、自体を欠いているものを意味します。

シューニヤという語は、元来は何々がない、何々を欠いている、を意味します。シューニヤは、サンスクリットの文章では一般に「Yは、X―シューニヤである」というように用いられます。「X―シューニヤ」とはシューニヤを第二要素とする複合語です。ここで大文字XはXという語を表し、小文字の斜体xはxというモノ（変項）を表すとしましょう。この場合、Xという語はxというモノを指し示します。さて、かの「Yは、X―シューニヤである」という文章は「yはxを欠いている」を意味します。この場合、xはyに存在しない、といっているのであって、yも存在しないとはいってはいません。

例えば、今日は電車が空いていたというと、それは電車がなかった、を意味しません。電車の中の乗客が少なかった、ということです。また「徳利《とっくり》が空だ」とは、徳利という容器に酒がないといっているのであって、徳利自体がないといってはいません。一方、『般若心経』の場合には、自体が空だ（Yは自体Xを欠いている）と述べており、この場合は、徳利にあたるYも、お酒にあたるXつまり自体もないといっているのです。

空とはもともと、向こう側が透けて見えるという意味です。シューニヤとは、何々がない事実をいうのではなくて、何か（x）を欠いている何ものか（y）を指す言葉なのです。『般若心経』では五蘊が空だといっているのですから、五蘊が自体を欠いている、ということになります。

徳利にお酒がなくなれば徳利もなくなる、そのような容器を考えてみてください。徳利の厚みをどんどん薄くしていきます。オブラートでできたような徳利です。お酒を飲んで中身がなくなれば、その徳利もなくなるような徳利です。中に入っているものがなくなれば、その容器も無くなるような状態を『般若心経』は考えているのです。自体がないということによって、お酒がないのは当然のこと、徳利という容器もないということを述べようとしているのです。

6 「空」と「無」は異なる

これまで述べてきたことはようするに「空」と「無」との違いなのです。「無」とは、あるものxがyという場にないということをいうのであって、yそのものは存在するのです。すくなくともyのないことは前提になっていません。

例えば、わたしにお金がないといった時には、わたしという場における金の無をいうのであって、わたしがないといっているのではありません。ですから、無というときには、何ものかが、ある場所においてない、つまり、土台yの上に載っているxがないといっているのであって、yのないことをいっているのではありません。

この机の上にネコがいない、というとき、ネコはいないのですが、机はあります。すくなくとも机の無は意図されていません。『般若心経』や空思想では、土台としての机つまり五蘊が存在していては困ります。両方、つまりネコもなければ、そのネコが乗っている土台もないといわなくてはならないのです。

『般若心経』では、容器の中身がそっくりなく、中身がそっくりなくなればその容器も無くなるというような状態が考えられているのです。yにおいてyそのもののようなもの（自体）がなくなれば、yもなくなります。このように考えて、世の中における五蘊の非存在をいうために、自体のない五蘊というわけです。五蘊は自体を欠いているといえば、「世の中において」という限定をくわえなくとも、「世の中において」五蘊が存しない、という意味になります。もしも五蘊がない、とのみいったとするならば、その五蘊はどこにないのか、お前の身体にないのであれば、お前の身体はどこにないのか、というように次々と質問が生まれてきます。

空と無との違いを別の仕方で説明してみましょう。無とは、xというものがyという土台にないことをいうのであって、土台があるかないかについては関与しません。例えば「兎に角《とかく》」という言葉があります。兎に角などありません。しかし、インド論理学では、無いことあるいはありえないことの例えとして「兎に角」といいます。あるいは亀の毛などと、世の中に起こりえないことの例として出されます。

兎が何であるか、さらに兎が存在するものであることは、世間一般に承知されています。角がどのようなものであるか、さらには角がこの世で存在することは人々は知っています。兎と角が何であるかを知っていなければ、兎に角がない、といえません。ツノなどとは聞いたことがないという状態では、「兎のツノ」といっても意味をなしません。五蘊（y）もその中にあるもの（x）も同時に無くなってしまわないと、「五蘊皆空」とはいえません。例えば、兎には兎の自体がないというと、兎という場所に兎そのものがいないわけですから、この世の中における兎の無を表現することができます。そういう状態をこの空（空性）という言葉で表現しているのです。

玄奘訳では、「五蘊皆空」とあり、「五蘊自性空」となっていないことはすでに述べました。玄奘自身はこの自性（スヴァバーヴァ）という言葉を他のテキストで用いていますからこの語の意味を知っていたわけですが、ここではあえて「皆空」と訳しています。彼はむしろ、これを自性という語を用いないほうがわかりやすいと考えたのでしょう。ここで玄奘は「無」の意味ではなくて、xもyも両方一緒になくなっている状態のことを空といったのです。五蘊もないし、五蘊の自体もない、それを玄奘は「五蘊皆空」と訳したのです。

インドでは「無」と「空」との違いが明確に意識されていたのですが、中国や日本においては「無」と「空」との違いが少なくともインド的な文脈においては理解されないことがしばしばです。中国や日本では「無」がインドにおける「空」と同じような意味に解釈されることがあります。

7　否定によって新しく蘇る

世界の構成要素は自体を欠いていると述べた観自在菩薩は、次に構成要素それぞれについて、自体が空であるといいます。ここでかの有名な句「色即是空、空即是色」が登場します。「色即是空」というときの空も、実は自体がないということの短い言い方なのです。「色即是空」とは本来は「色即自体空」（色は自体を欠いている）ということです。色もなければ色の自体もない、つまり、徳利もなければ、お酒もないというわけです。

この場合の色は、世界の構成要素の第一グループである物質です。物質は不変・恒常の自体を持つものと、当時は考えられました。特に、阿毘達磨《あびだつま》仏教の人たちは自体は実在すると考えました。ところが『般若心経』の編者は、実在する自体はないのだと主張します。

般若波羅蜜の行にあっては、すべてのものの存在が、一度否定されなければなりません。もっとも、すべてのものの存在を否定することは、虚無のなかに生きようとするのではなくて、否定によって新しい生が蘇ることを目指しています。再生のためには、一度は死ぬべきだといっているのです。

色は空だといい、そしてまた今度は、空は色だというように、空に至った後、空の蘇りがあるのだと『般若心経』はいっています。重要なことは、「空即是色、色即是空」といわないことです。色というのは迷いの世界です。これを否定して、空という聖なる領域に行って、次に空は色だといってもう一度、色のほうに戻ってきます。迷いから悟りへ行って、悟りからまた元の世界を救い上げようと戻ってくるのであって、逆の方向をとることはないのです。

「色即是空」のサンスクリットには二種類の読みがあります。「物質は空なるもの（空）である」というようないわゆる形容詞（シューニヤ）が使われている写本と、「物質は空なること（シューニヤター、空性）である」というように抽象名詞が用いられている写本との二種類が残っているのです。空なることとは、ものが空なる状態を指しており、空性とも呼ばれています。「色即是空」というときの「空」が、空なるものという意味の形容詞なのか、空性という意味の名詞なのかは、中国語でははっきりしません。今述べたように、今日残っているサンスクリット写本には両方のケースがあります。これは実はどちらでもいいのです。サンスクリットの文法としては、形容詞であるのか、名詞であるのかということは重要なことですが、空思想にあっては、これはどちらでもかまわないのです。このことに関してここでは立ち入らないことにします（立川『般若心経の新しい読み方』春秋社、二〇〇一年、一三八頁参照）。

『般若心経』は「物質は空なるものである」あるいは「空性である」というように、色形あるものが無であるというにはとどまりません。この句に続いて、空なること（空性）は物質である、つまり色であると述べています。この表現は、空なることが色形あるものとして現れる、と解釈できます。

このように『般若心経』は、世界の構成要素の第一グループである物質は空なるものであると認めています。その後続いて「空なるものは物質に他ならない」と述べています。色は空である、次に空は色であると述べることにより、空が色として蘇るということを認めていると考えられます。

8　逆説的な表現にこそ真理が……

「色即是空　空即是色」という表現に見られる「空」という語の意味をめぐって、実にさまざまな解釈が生まれました。もちろんこの表現はインドで生まれました。悟りと迷いとは遠く離れており、人々は一歩一歩悟りに向かって修行を積み重ねなければならない、というのがインド初期仏教の基本的考え方でした。大乗仏教になると悟りと迷い、つまり「聖なるもの」と「俗なるもの」との距離は初期仏教に比べて縮まり、『般若心経』に見られるように一致してしまうケースも現れました。しかし、インド大乗仏教では「聖なるもの」と「俗なるもの」との本来的同一性を逆説的表現に訴えるのではなくて、その間の構造を明らかにしようと努めました。龍樹や世親は「色即是空」といったような「過激な」表現を用いていません。『般若心経』のかの逆説は、後世のインド仏教史の中ではそれほど評価されませんでした。われわれ日本人は大好きなのですが、論理的にものを考えるインド人のあいだではそれほど歓迎されません。インド仏教では「色即是空」という第一の句のほうに強調点が置かれました。物質は無常であり、移ろいやすく、もの自体は不変ではない、それゆえに人々は、実体のない物質に対して執着すべきではない、そういった側面を強調したのです。般若経典群の中では「色即是空」という句はよく現れますが、「空即是色」という表現は例外的です。

この経典がチベットに渡りますと、チベットでは大きく分けて、合理的な解釈と非合理的な解釈との二種類がなされました。インドの場合と同じように、色形あるものは空であるといった表現に対して、これは非論理的な考え方であると反発した学派と、この矛盾に聞こえるものこそがむしろ真理をいっているのであると考えた学派とがありました。

中国に『般若心経』が入ってきて多くの注釈書が書かれますと、「色即是空　空即是色」がもっている一見逆説的・自己矛盾的な表現が大変歓迎されました。これが真理を表現する言葉だと受け取られたのです。

日本においても、中国の場合と同じように、これが真理を表しているのだと受けとめられました。インドでは空なるものは無常なものだから執着するなという意味に解釈されたのですが、日本では色形あるものは真理だと捉え、色の意味が逆転します。

日本では、空性という真理と色形あるものとは本来一体なのである、「ものが空に溶け込み、空がものに溶け行ったところ、そのような境地が悟りなのである」(鈴木大拙《だいせつ》の解釈)などと説かれてきました。

花を例にとってみますと、花はすぐに散ってしまうものであるゆえに、色形ある花のような移ろいやすいものに執着するな、というのがインド人の主張したいところなのです。ところが日本人は、桜の花は散るから美しいと考えます。無常なところ、すぐにものがなくなってしまうところ、そこにこそ美しさがあるのであって、無常なままの桜の姿が、真実あるいは実相《じっそう》を表しているのだと考えます。

中国や日本にあっては、眼前に見えるもの以外に世界は存在しません。中国人は非常に現実的、実際的であり、眼前に広がるもろもろのものが空なるものだといっても、そのようなことがあるものか、ここに実際にものがあるではないかといいます。日本人に「ものが空だ」といっても、眼前のさまざまなものは移ろい易いゆえに執着すべきではないと日本人は考えません。この色形あるものの奥に何ものかが存在するのではなく、無常のすがたを見せる桜の花は散るゆえに美しいのだ、というでしょう。ようするに、中国人や日本人はインド人とは逆に考えます。それが『般若心経』の解釈にも出てくるのです。

これは民族性の違いでしょう。日本人にあっては現前に見ている世界そのものが真実なのだというように、現世肯定主義的な考え方、諸法実相的な考え方に傾いてきています。このような日本人の考え方は、もちろん『般若心経』が中国から入ってくる前からあったのでしょうが、『般若心経』を解釈するにあたり、このような日本的なものの考え方によって『般若心経』を解釈してきたのであろうと考えられます。

あの短い『般若心経』の中には、仏教の基本的な概念が見事なまでに数多く入っています。そのような経典を千数百年にわたっていろいろな人がさまざまに解釈してきました。日本では、日本的な背景の中で捉えてきましたから、今までの長い歴史の中のさまざまな解釈を串刺しにして一枚の絵に描こうとするとややこしくて分からなくなるのも当然です。日本の中でも時代によって立場が違うので、『般若心経』について短時間で論議するのはほとんど不可能でしょう。

中国や日本では、空性あるいは空であることを、何かを欠いていると理解するのではなく、これこそが真理であると受けとめる姿勢がより一層強調されてきました。もちろんインドでも空性が真理を意味するという考え方がないわけではありませんが。このように空の意味は、歴史の中でさまざまに関わってきたのです。この色と空との関係は、受・想・行・識それぞれにも当てはまることです。

9　唯一否定されないもの

　このようにして、世界すべては空なるものである、さらに、老や死もなく、老と死の尽きることもないと『般若心経』は述べています。このようにして、ありとあらゆるものが、空だ、自体がないのだといい続けるのです。

　ところが、空という言葉もなく、否定辞も用いられていない箇所が『般若心経』の中にただ一箇所あります。それは「般若波羅蜜多に依れ」という一節です。世界の構成要素もいずれも空であり、苦しみも涅槃もなく、それに至る道もないと述べてきた『般若心経』のこれまでの姿勢によるならば、般若波羅蜜多もないといって当然でしょう。

　ところが、般若波羅蜜多だけは否定していません。ここが重要です。『般若心経』は般若波羅蜜多もないとはいっていないのです。この経典の結論は、般若波羅蜜多の行をなせということであります。この方法こそが三世の諸仏の悟った道であるともいい切っています。

　観自在菩薩は仏弟子シャーリプトラに対する説法を「ギャーテー　ギャーテー　ハラギャーテー　ハラソーギャーテー　ボージ　ソワカ」という真言（マントラ）で締めくくります。この真言が非常に尊いものである、重要なものであると最後で宣言しています。大神呪《だいじんしゅ》である、無上呪《むじょうしゅ》である、無等等呪《むとうどうしゅ》であるとほめそやして、一切を真言で締めくくっているのです。

この真言は、サンスクリットでは「ガテー　ガテー　パーラガテー　パーラサンガテー　ボーディ　スヴァーハー」です。ガテーとは、ガター（行ってしまった女性）という語の呼びかけの形です。ガというのは英語のゴー（go）と関係します。行ってしまった女性、つまり女神に呼びかけているのです。パーラというのは向こう側へということです。向こう側へ行ってしまった女神（悟りに至った女神）よ、般若波羅蜜多よ、と呼びかけているのです。

サンガテーのサンというのは「完全に」という意味です。これにもいろいろな解釈があるのですが、サンガマ（サンガム）というのは一般的に、川の本流と支流が合流するところをいいます。その交わるということからセックスの意味もあり、歴史的にもこの経のサンガマを性的に解釈する人もいます。男尊観音と女神般若波羅蜜多との交わり、すなわち、男性的原理（活動）と女性的原理（智慧）の合一が象徴的に考えられていたのであろうというのです。

ボーディは悟りのことです。スヴァーハーは多くの真言の最後に出てくる文句であって、栄えあれ、というほどの意味であると一般には解釈されていますが、インド研究者のなかにはスヴァーハーは単なる音声であると考える者もいます。ともあれ「ガテー　ガテー　パーラガテー　パーラサンガテー　ボーディ　スヴァーハー」という真言は要するに、女神への呼びかけなのです。

このように、『般若心経』が述べ伝えようとしているのは、般若波羅蜜多への呼びかけに他ならない真言を唱えよ、ということです。法隆寺に伝えられた『般若心経』の古い写本には、「般若波羅蜜多の心」とのみ書かれていて、「経」の文字がないとすでに述べました。「心」(フリダヤ)は心真言と呼ばれる真言の一種を意味します。『般若心経』は、般若波羅蜜多の真言を伝えるメモであったと考えることができるのです。

「色即是空　空即是色」とは、世界が無であるといっているのではなくて、一度は否定された世界が蘇ってくるといっているのです。般若の知は、世界そして自己が空なるものであると否定することによってのみ生まれます。女神般若波羅蜜多への呼びかけは自分がその否定の行(空の実践)をしていることの証であります。

この女神般若波羅蜜多への呼びかけ構造は念仏と同じです。念仏すなわち南無阿弥陀仏と唱えることは、自力の計らいを捨てて、ひとえに阿弥陀仏に呼びかけることです。阿弥陀仏へと帰命することが、禅宗の言葉でいえば「現成《げんじょう》」しているのです。『般若心経』は、あれもないこれもないといってきて最後に、般若波羅蜜多の真言ということのみが残されているのだといっています。これはすべての計らいを捨てて念仏する浄土教とも、あるいは禅の取り組みとも同じ構造を有しています。

第七章　大日如来の出現――三人目のブッダ

1　マンダラの二要素

最近ではマンダラに対する関心がたかまっています。マンダラは、真言宗あるいは密教（タントリズム）という域を超えて、社会の中に少しずつ広がり始めているようです。この章では、マンダラの特質、さらにマンダラの現代における意義について考えます。

第一章にすでに述べたように、ブッダ（釈迦《しゃか》）の考えた世界はいわゆる宇宙ではありませんでした。世界がどのような形をしているのか、有限なのか無限なのかといった問いにはブッダは答えなかったといわれます。ブッダの滅後、一〇〇〇年も経ちますとマンダラという修行の補助装置を仏教徒は盛んに作るようになりました。マンダラは星辰があり山河を有するといったいわゆる宇宙世界を描いてはいないのですが、明らかにある種の構造を有する世界図です。自己の考察から始まった仏教が世界図といえるようなものに到達したのは自然なことと思われます。というのは、時代を経るにつれて仏教もまた自己と他者たちの住む環境世界（器世間《きせけん》）の構造について考えざるをえなかったからです。他者あるいは環境世界への関わりはとりもなおさず縁起《えんぎ》という思想を深めていきました。もっともマンダラにあっては、社会における自己と他者というような問題の考察は弱いといわざるをえませんが、ともかくも仏教史のなかで世界について深くかかわったものにマンダラがあることは事実です。

本書第一章および第二章においてインド仏教史の概略を述べた際、密教（タントリズム）にも触れました。この章ではマンダラを主として扱いますが、密教の特質についても述べることになります。というのは、マンダラは、密教以外にあっては用いられませんし、密教の特質を語るものだからです。

インド人にとって世界とは構造を有するものです。どのような要素が世界を構成しており、それらの要素の間にはどのような関係があるのかというようなことがインド人、特にバラモン正統派の哲学者たちにとっては重要でした。

一般に仏教徒たちは世界がそれぞれ独立し、実在する諸要素の組み合わせによって世界の構造を理解することを拒否しました。そうではあるのですが、仏教徒たちも自分たちの考え方を主張するためにも今述べたようなインド的基層の考え方をまず身につけ、そしてバラモン正統派の考え方を批判したのです。マンダラが表現する世界観は多分にヒンドゥー的世界観に影響を受けています。

ここで取り上げようとしている後期密教のマンダラは世界の構造を映したものといえます。さらに、その構造は静止画に映されたような固定化されたものではなく、一連の行為を一定の幅のある時間の間、映し続ける動画なのです。一枚のマンダラ図にはその一連の行為のプロセスが示されています。行為は時間の中で行われます。というよりも、行為は時間のすがたなのです。

マンダラには二つの要素が必要です。一つは仏・菩薩《ぼさつ》など、つまりその中に並んでいるほとけあるいは尊格です。第二には仏や菩薩たちが住む館あるいは宮殿です。仏たちの住む場所（器）が描かれていることが必要です。マンダラとは、仏たちが彼らの住む館の中で整然と並んでいる様を描いたものです。インド人たちはその館および地・水・火・風といった元素を基体（アーダーラ）と呼び、その上に存するほとけたちを基体によって支えられたもの（アーデーヤ）と呼んできました。

この場合、基体によって支えられたものと基体との関係はダルマ（法）とダルミン（有法）の関係にあるということができます。ダルマとダルミンの関係はインド哲学において最も有名な思惟形式ですが、この関係についてはマンダラを考える際にも重要ですのでここで説明することにします。

インドの哲学者のみならずインド人は一般に世界の構造について考える場合、彼らは属性とその基体という対概念を用います。英語やドイツ語などの印欧語を母国語としている人々には「実体」(サブスタンス)と「属性」(クオリティ)という概念は小さいときから身についています。彼らにとって「実体は属性を有する」とか「属性は実体に属する」といった文章はまったく自然な文章です。印欧語であるサンスクリットを用いる人々の場合も同様です。

日本では、仏教僧院など限られた場所は別として、「実体」や「属性」に相当する概念は近代になるまで育ってきませんでした。華道において「体」とか「用」といった言葉が弟子たちを教える際に用いられていますが、インドあるいは仏教における概念とはかなり異なっています。

インドの哲学者たちは地・水・火などの実体などの基体の上に、堅さ、湿り気、熱などの属性が「載っている」と考えました。例えば、眼の前に赤い花があり「この花は赤い」という文章を提示されたとしましょう。この文章は「この花は赤いものの集合(クラス)のひとつの要素(メンバー)である」と読みかえることができます。しかし、インドの哲学的な議論においては、一般にこの命題は「この花には赤色という属性がある」と理解されます。厳密には「赤い色」と「赤いこと」は異なるのですが、ここでは問題にしないことにします。

ある基体（y）にあるもの（x）が存すると考えられるとき、あるものxをダルマ（dharma 法）と呼び、その基体yをダルミン（dharmin 有法《うほう》）と呼びます。「法」とはもの、こと、性質、実体などあらゆる種類の存在を意味します。しかし、「法」が「有法」と対をなして用いられるときには、基体として「法を有するもの」（有法）に存するものを意味するのです。机の上に赤い花がある場合、机を「有法」、花を「法」と呼びます。机と赤い花とは接触という関係にあります。「赤い花」という場合、「赤さ」あるいは「赤色」という「法」は内属という関係によって、花という「有法」に存すると考えられます（図7―1）。このように「法」と「有法」という対概念は、接触（contact）および内属（inherence）という二種の関係に対して用いられますが、ここでは内属の関係のみを考えることにします。

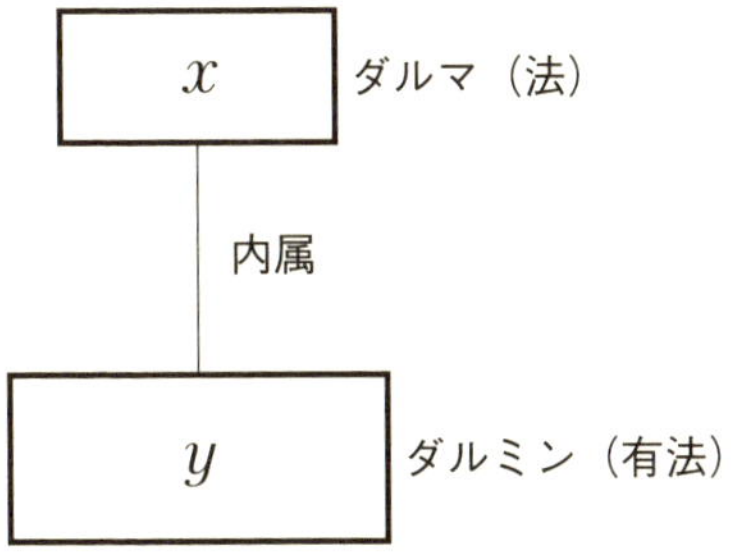

図7―1　ダルマ（法）とダルミン（有法）との関係

花には赤色（x_1）以外の多くの属性（性質）が存在します。大きさ（x_2）、重さ（x_3）、香（x_4）などです。またこの基体（実体y）には「赤性」（クラス〈赤いもの〉の普遍）も存すると考えられます。基体yとそれぞれのxあるいはもろもろの

xの集合（x_1, x_2, x_3, ……x_nの集合）との関係については、おおまかにいって二種類の考え方があります。yとxとは別個の独立したカテゴリーであるとする考えかたと、yとxとには明確な区別がないとする考え方です。前者がインド型実在論と呼ばれ、後者がインド型唯名論と呼ばれています。

インド哲学の歴史においてこの二つの考え方は約二〇〇〇年の間抗争を続けてきました。正統バラモンの伝統の中では、ヴァイシェーシカ学派などは実在論を奉じ、ヴェーダーンタ学派などは唯名論を奉じてきました。すなわち、正統バラモンの中にも実在論的な考え方と唯名論的な考え方とがあるのです。正統バラモンの中の実在論は実体と属性は明確に異なるととらえ、唯名論は両者は区別がないととらえます。重要なことは、唯名論でもブラフマンの実在性は信じられていることです。一方、仏教は、法・有法関係が存することは言語表現上あるいは文法上は認めるのですが、法の存在は認めるとしても、ブラフマンの実在性は否定します。そして、仏教思想の根幹の一つである空思想にあってはいずれの存在も認めません。

マンダラは多くの場合、平面つまり二次元的に表現されますが、立体で表現されることもあります。後者の場合、その根底にあるイメージは円筒あるいは球です。その円筒の下半分には、下から風・火・水・地があります。日本の五輪塔《ごりんとう》の場合には下から地・水・火・風のシンボルが並びますが、立体マンダラの場合には上方に重たいものがあり、下に行くにつれて軽いものが並びます。マンダラのイメージは、空中に浮かぶ城といったところです。この空中の「城」の一番下には柔らかく、軽い元素としての風があり、その上に火があり、さらにその上に水があって、そして地があります。ちょうど串にさしたおでんのような姿で浮かんでいて、地の上に須弥山《しゅみせん》があり、さらにその上に館があって、その中に仏や菩薩が住んでいると考えられます。

北京にあるチベット仏教僧院雍和宮《ようわきゅう》には立体マンダラが幾つか見られます。図7―2に見られるマンダラは明代（一三六八〜一六四四）の製作といわれています。もっともこれは一般には「須弥山」と呼ばれているのですが、海洋と山脈に囲まれた須弥山の上に宮殿があるという構図になっており、マンダラと呼んで差支えないでしょう。このマンダラには中国の建築様式の影響も見られますが、インドで考えられたマンダラの立体構造を表現しています。この立体マンダラの下部には大陸を取り巻く海洋が表現され、中央には須弥山が聳《そび》え、その上に宮殿があり、宮殿の門も描かれています。須弥山の中腹にあたるあたりから上方にかけて星座が描かれており、宮殿が天上にあることを表しています。

図7―3は雍和宮薬師殿《やくしでん》（僧たちが医学や薬学を学ぶ堂）にある薬師如来の立体マンダラ、図7―4は同じく雍和宮時輪金剛殿《じりんこんごうでん》（暦学を学ぶ堂）にある立体の時輪マンダラです。薬師は元来は「医者」（グル）であって如来（ブッダ）ではなかったのですが、時代を経るにしたがって「如来」の仲間入りをしました。とはいっても、大日やアミダといったいわば正統派のほとけ

図7－2　須弥山模型あるいは立体マンダラ（雍和宮、北京）

たちとはどこかで区別されています。

例えば、京都の東寺《とうじ》には講堂と金堂《こんどう》がありますが、前者には大日、阿弥陀などの仏、もろもろの菩薩、さらには明《みょう》王《おう》などの像がありますが、後者の金堂には巨大な薬師像が安置されています（立川『マンダラ』学習研究社、一九九六年、二一頁参照）。これは薬師が大日、阿弥陀などの仏のグループとは別のものと見做されていたことを表しています。

時輪（カーラチャクラ）とは後期インド密教の歴史の中で末期（一一世紀頃）に登場した如来ですが、大宇宙と小宇宙との同一性を具現する仏です。かの同一性を述べる際の媒体が時間であるところから、時輪と呼ばれています。このマンダラは実に複雑です。

今見た立体マンダラは日本に伝えられたマンダラとはかなり異なった形をしています。それは、アジア諸国では空海《くうかい》以後に実にさまざまな種類のマンダラが生まれたからですが、仏・菩薩など（アーデーヤ）が館（アーダーラ）あるいは台の中に並んでいる様を映したものというマ

図7－3　薬師マンダラ（雍和宮、北京）

図7－4　時輪マンダラ（雍和宮、北京）

ンダラの基本構造は同じです。日本の京都の東寺などに残されているマンダラに見られるように、館に住んでいる仏たちを真上から描いたマンダラの方が一般的ですが、その場合でもアーダーラとアーデーヤとはほとけたちと彼らがその中に「住む」館として表されます。

マンダラにはもう一つ重要な側面があります。仏たちが館の中に並ぶ様を描いた図あるいは立体モデルのみでは、マンダラはその役目を果たすことはできません。絵図や立体に表わされたマンダラに対して実践者（修行者）が何らかの行為をする必要があるのです。

くり返しますが、マンダラは「神々」（アーデーヤ）と彼らの住んでいる場所（アーダーラ）がドッキングしたものです。このドッキングしたものに対して、修行者あるいは実践者が儀礼なり瞑想を行ってはじめて、マンダラはマンダラとして意味を持つのです。仏・菩薩と彼らの住む館と合わせたものを世界であると考え、その仏の世界の中に「入っていこう」あるいは「一体になろう」として修行するという実践の仕方もある一方で、マンダラに対して供物を捧げて祈るといった行為も見られます。

マンダラ図を壁などに掛けて、これに対して拝むこともありますが、インドで七世紀頃に編纂されたといわれる『大日経《だいにちきょう》』によれば、密教行者は地面に描かれた絵の中に自分が入る、つまり「館」の中に自分が入るのです。この経は師がマンダラの中に弟子を引き入れてその弟子に入門許可を与える儀礼の過程を詳しく述べています。

かつてわたしはカトマンドゥ盆地に住むチベット仏教の僧侶たちに「マンダラをどうするのですか。マンダラの絵を置いた後、そのマンダラをどのように用いるのですか」とたずねてまわったことがあります。一人の僧は「壁などにかけられたマンダラ図に対して瞑想することもあるが、本来は瞑想する自分はマンダラの中に入るのだ」と答えてくれました。自分がマンダラの中に入ったならば周りに仏たちがいるのが見える。自分が中に入っていって仏と交わる。瞑想された心的空間（擬似空間）の中で、仏たちと話をしたり、館の中を巡ったりする、というような世界だということでした。また自分が瞑想をして仏たちを眼前に産んでいく（出現させる）こともあります。マンダラ図はそのような実践あるいは瞑想のための道具あるいは装置なのです。

もっともそのようなマンダラ観想をしたところで直ちに悟りが得られるわけではありません。人間の行為には（1）現状あるいは世界の認識、（2）目標の設定、および（3）そのための手段という三つの要素が見られるのですが、マンダラ観想の主たる目的は要素（1）の獲得です。マンダラを観想することによって行者は自分の置かれている状況あるいは世界を知るのです。もっともマンダラには他の二つの要素（2）と（3）も明確ではないにせよ示されていますが、マンダラ観想の目標と手段を真に獲得するためには次の段階である「高次のヨーガ」に進むことになります。

図7—5　ネワール仏教僧によって描かれている小さなマンダラ（カトマンドゥ）

日本では国宝になっているすばらしいマンダラ図があります。しかし、今日、一般にネパールの密教儀礼で用いられているマンダラは、儀礼を執行する僧の目の前に一般に白い粉で書かれた小さな丸です（図7—5）。そこに葉や花が載せられ、さらにはヨーグルトなどもかけられて、儀礼が三〇分も進めば、はじめの白い小さな丸は見えなくなります。そのようなものもカトマンドゥ盆地における大乗仏教であるネワール仏教では重要なマンダラなのです。日本における胎蔵《たいぞう》・金剛界《こんごうかい》の両界《りょうがい》マンダラ図がマンダラのすべてではありません。京都の東寺に残る胎蔵〔界〕・金剛界の両界マンダラ図は世界に残っている最も古い部類に属するマンダラではありますが、ここではマンダラをもう少し広い観点から捉えてみることにします。

2　マンダラの歴史

マンダラには一五〇〇年以上にわたる歴史があります。インドで生まれたマンダラはネパール、チベット、中国さらに日本へと伝えられて、それらの地域においてさまざまな形に描かれるとともに、異なった働きをしてきました。

マンダラを一口に定義することは、密教を一口で定義することができないのと同様、ほとんど不可能です。人々はそれぞれの立場でマンダラを自分なりに定義し、その定義に従って実践してきました。日本や中国では「マンダラ」を訳すことなく、曼陀羅あるいは曼荼羅と音写してきました。チベット人たちはマンダラを「キルコル」つまり「中心（キル）を回るもの（コル）」（あるいは、中心と周縁）と訳しました。このように表記や訳語はさまざまですが、あの特徴のある図形が千何百年にわたって用いられてきたわけですから、マンダラには時代の変化を超えた何らかの意味があると考えられます。

マンダラの歴史的考察はもちろん重要なのですが、わたしの関心は、マンダラがもし普遍的な特質を有しているならば現在においてもそれは生きるはずだということにあります。元来、マンダラは僧たちや行者たちがそれぞれの体験をもとに時代の状況に合わせて描いてきた、あるいは絵師に描かせたものなのです。

密教行者が修行をした結果「仏や菩薩がこのようにわたしの眼前に現れた」という場合のその仏たちや館のイメージを描いたものがマンダラですから、新しく仏を見る人が現れれば新しいマンダラが生まれるはずです。それぞれの行者のヴィジョンの違いによってマンダラの内容も異なってきました。未来において誰かが仏を見れば、また新しいマンダラが生まれることでしょう。新しいマンダラが生まれてこそマンダラが生きているのであって、マンダラの種類や内容も決して固定されたものではありません。

名古屋の大須《おおす》観音は、もともと岐阜県羽島市の大須の発祥であって、大須という土地と結びついた観音です。浅草観音もあります。このようにして、人々はそれぞれの地域で仏や菩薩のイメージを新しくしてきました。それぞれの土地と結びついた新しいイメージが生まれていくことが、仏教の生きている証だと思います。仏教が生きているのならば、新しい菩薩を目の前に見るといったこともあるでしょう。新しい仏たちが生まれてくれば当然新しいマンダラも生まれてきます。

第一章にすでに述べたのですが、マンダラの歴史を考えるにあたってここでもインドの思想史をごく簡単に見ておくことにします。インドの思想史は六期に分けて考えられます。第一期が紀元前二五〇〇年から紀元前一五〇〇年頃までですが、これはインダス川流域に都市文明が開かれた時代です。紀元前一五〇〇年頃から紀元前五〇〇年頃までが第二期です。ヴェーダ聖典に基づいた儀礼が行われ、バラモン僧たちの勢力が強かったのはこの時期です。紀元前五〇〇年頃から紀元後六五〇年頃までの期間が第三期です。これが仏教やジャイナ教が比較的勢力を持っていた時期です。

第三期の中ごろの紀元一世紀頃から大乗仏教が台頭します。紀元一世紀から三、四世紀までに『阿弥陀経《あみだきょう》』とか『無量寿経《むりょうじゅきょう》』などの浄土経典が編纂され、龍樹《りゅうじゅ》などの初期大乗仏教の思想家たちもこの時期に出ます。七世紀初頭から六四六年あるいは六四七年まで続いたハルシャ・ヴァルダナ王（戒日王）の帝国以降、仏教の勢いは急速に衰えていきました。

台頭する大乗仏教を支えたのは主として商人階級でした。商人たちはローマと通貨共通制をしいて交易し、財を蓄積しました。今日、西ローマの貨幣がインド各地で数多く見つかっています。五世紀中葉に西ローマ帝国が滅び、六世紀の中頃に仏教を保護した中央集権国家グプタ朝が崩壊しますと、中央の貴族たちは都落ちをし、商人階級は没落していきます。その結果、支持者を失った仏教は力を失っていきました。

六四五年に帰国した玄奘三蔵《げんじょうさんぞう》がインドに留学していた頃はインド仏教が勢力を失っていくまさにその時でありました。玄奘は先に述べたハルシャ・ヴァルダナ王に招かれて厚い待遇を得ていますが、この王の没後、インドではヒンドゥー教の勢力が急速に強まります。またこの時代は、中央アジアにおける仏教の滅亡の時でもありました。玄奘が往路に立ち寄って歓待を受けた高昌国《こうしょうこく》（現在のウィグル自治区トルファン）は彼が帰りに寄ったときには亡んでいました。

六五〇年頃から一二〇〇／一三〇〇年頃までの数世紀間はヒンドゥー教の勢力が強かった時ですが、仏教のマンダラはこの間に盛んに作られました。ちなみにヒンドゥー教においてもマンダラは作られました。紀元五〇〇年頃までには初期的な仏教マンダラがあったと思われますが、特に七世紀以降さまざまなマンダラが作られました。インドの仏教タントリズムにおいてマンダラは中心的な役割を果たしたのです。

一三世紀の初めに仏教の諸僧院はイスラム教徒の侵攻に遭います。僧侶は殺され、僧院の建物は壊されました。インド仏教は僧院主義を採っておりましたから、僧院が壊されると仏教は急激に滅んでいきます。ヒンドゥー教では僧院はなく、家庭の中でその伝統を伝えていきましたから、ヒンドゥー教は一三世紀以降もインドにおいて残ることができたのです。

3 マンダラのかたち

マンダラは、かの第三期の終わり頃から第四期の始めにインド大乗仏教の中で生まれました。

今日、東南アジア諸国でよく知られているテーラワーダ仏教においては、マンダラは用いられません。大乗仏教の中で生まれた密教と呼ばれる形態の中でマンダラは使われるのです。もっとも一二、三世紀までは東南アジア諸国においても密教が存在しましたから、その頃にはそれらの地域においてもマンダラも作られていたと考えられます。ヒンドゥー教にもマンダラがないわけではありませんが、仏教徒の方がより精力的にマンダラを作りました。

すでに述べたように、インドにおいて原初的なマンダラは五〇〇年頃までにはできていたと推測されます。初期のマンダラは、盆の上に仏たちのシンボルが載っているといった携帯用の祭壇のようなものだったようです。マンダラが地上に描かれたこともありました。

仏教において密教が確立するのは七世紀に『大日経』が編纂された頃です。この経典の第二章では「胎蔵」(胎よりの出生)と呼ばれるマンダラの描き方が詳しく述べられています。ここで述べられるマンダラは、師が弟子を入門させる儀礼のために、師と弟子が一週間をかけて地面に描くものです。『大日経』にマンダラのサイズは述べられていないのですが、経典の叙述から判断するに畳の一畳よりは少し大きく、二畳より小さなものだったようです。まずマンダラを描く地面を選定して小石や骨を取り除き、そこを牛の糞で浄めます。牛の糞は、それで歯磨きをするぐらいですからきれいなものです。

カトマンドゥ盆地の寺院に行きますと、境内の隅に石がはめ込んであるのを見かけます。こ

図７－６　外縁に囲まれた法界マンダラ（ネパール国立博物館、チャウニー地区、カトマンドゥ）

こには土地神を祠ってあるのです。儀礼を行う際にはまずその石、つまり土地神のシンボルに供養をして、土地神を鎮めてから本来の儀礼をするのが一般的です。

土地神への祀りを行った後、六日目の夜、弟子も衣服を調え、歯を磨き、師と弟子が身を清めて清められた地面の中に入って色粉で絵をマンダラ図を描きます。そのための時間はせいぜい数時間ですから、精緻なものは描けなかったはずです。マンダラを描いた後に師は弟子を引き入れて、これからお前はわたしの弟子だ、と宣言します。

『大日経』で描かれているマンダラは四角いものです。当時、大工が墨打ちをする道具と同様のものが使われており、その糸引きの順も述べられています。空海が持ち帰ったマンダラも四角です。今日、ネパールやチベットで見るマンダラではほとんどの場合、仏・菩薩の並ぶ館が円形で囲まれています（図7―6）。しかし、七世紀頃の編纂の『大日経』にはそのように述べられてはありません。空海が招来したマンダラは古い形のものだったのです。その後二、三〇〇年経たないと、外円は描かれません。一二世紀頃以降のテキストには外円に囲まれたマンダラが説明されています。

したがって、日本に残されたマンダラは非常に古いものです。空海は九世紀初頭にマンダラを日本に持ち帰ってきたわけですから、インドではマンダラが生まれてからせいぜい二、三世紀しか経っていませんでした。空海は初期のマンダラを日本に持ってきたのです。

日本天台宗の円仁《えんにん》、円珍《えんちん》は九世紀の半ばに中国に留学したのですが、その頃の中国において仏教は弾圧を受けていました。当時、唐の勢力はすで弱まっていて、長安における密教も急速に消滅していきました。一方、中国南部の大理《だいり》地方などには一二、三世紀まで唐の仏教、そしておそらくは密教（唐密）もある程度残っていたようです。今でも中国南部の昆明《こんめい》市の寺の境内にはサンスクリットの『般若心経』が刻まれた古い墓碑が残っています。

日本に入ってきた密教の形が非常に古いものだということが、日本密教の性格のかなりの部分を決定しています。インド、チベットの密教は後世、難しい問題をいろいろと抱えるようになりました。その一つはセックスの問題です。性の問題をインド密教、チベット密教は抱えこまざるをえませんでした。性をどうするかという問題が密教の中で大きな問題となり、時として仏たちもセックスしている形で表されるようになります。空海はそういう歴史的状況を知ることなくその頃までの密教を日本に将来したのです。

もっとも日本の仏教が性の問題に関わらなかったということではありません。真言宗において重視されている『理趣経《りしゅきょう》』は性の問題に一定の方向を与えていますし、親鸞《しんらん》が妻帯したことも日本仏教における性の問題の一つの解決でありました。そうではあるのですが、日本に残るマンダラの諸尊のイメージとインド後期密教やチベット仏教に登場する妃を抱いた仏とのイメージを比較するならば、インド後期密教やチベット仏教における性の問題の比重が日本仏教のそれよりはるかに大きなものであることが分かります。

4　心の中でする行法

『大日経』に少し遅れて七世紀後半に『金剛頂経《こんごうちょうぎょう》』が成立しました。この経に述べられているマンダラの瞑想法は『大日経』のそれとはかなり異なっています。『金剛頂経』において述べられる金剛界マンダラに登場する菩薩の観想法を例にとって考察してみます。

それぞれの菩薩は手にするシンボル（持物）が定められています。菩薩は剣、本、花などを持っていますが、このシンボルが観想法の中で中心的な役割を果たします。例えば、鉤《こう》を持つ菩薩（金剛王菩薩）がいます。『金剛頂経』には、世の中にあるすべて鉤を修行者の手の中に集めるべきだ、と述べています。集めるといっても実際に集めるわけではありません。それらは心の中で行われるのです。世界中のすべての鉤が行者の手に集まってきて、それが本当に自分の所にあるように感じるまで鉤を念じるのです。『金剛頂経』には「心を凝《こ》らせる」とあります。鉤が実際に手の中にあるように感じられたとき、それを目の前にさし出せと述べられています。行者が手の中の鉤を前に出すと、鉤を持った菩薩が目の前に立ち上がるのです。眼前に現れた鉤を持った菩薩「金剛王菩薩」はマンダラの中の自分の位置に坐ります。その後「剣を持つ菩薩」や「本を持つ菩薩」たちを順に生むのです。このような精神的産出を数十回くりかえしますと、金剛界マンダラが出来上がります（図7—7）。

マンダラではそれぞれの尊格の位置あるいは場所が決まっています。「心の中で生み出された」菩薩たちは自分の場所を知っていますから、消え去ることなく自分の場に行ってそこで待っているのです。『金剛頂経』に続く『秘密集会《ひみつしゅえ》タントラ』によれば次々に菩薩を呼び出して、仏・菩薩たちが出揃ってマンダラができあがると、今度はそれを圧縮して小さくします。鼻先のケシの実ほどの大きさになったところで口の中へ入れて食べてしまいます。つまり、世界を

図7—7　金剛界マンダラ（インドのサンスクリットテキストに従ってネパールの画家によって描かれたもの）

自己の中に取り入れるというかたちで世界と自己との同化が行われるのです。「食べて」しまった後、また元の大きさに徐々に広げていく。その時に自分がマンダラの中へと吸い込まれるというような行法です。

このように『金剛頂経』や『秘密集会タントラ』ではマンダラを地面に描くのではなく、仏・菩薩を心の中で産む行法が説明されます。『大日経』で述べられているのは主として入門儀礼ですから、所作が重要な役割を果たします。一方『金剛頂経』などの場合には、心の中で行う行法、つまりヨーガで行うのです。インドでは目の前に仏の像がなくても、自分で像を描き出して、その描き出した仏が実際に存在するように思われるまで、心の中で仏を生み出すというような行法がありました。このような行法がネパールやチベットの仏教に伝えられたのです。そのようにして一挙に数十人の尊格を生んでいくのですが、一人の尊格に五分かかったとして、二時間半ぐらいかかります。二分ですんだとしても一時間以上かかります。この行法で死ぬ人もいるというくらいですから、これは恐ろしいほど体力を消耗させると思われます。

今日のチベット仏教やカトマンドゥ盆地のネワール仏教の中にその行法の伝統が残っているとは思いますが、『金剛頂経』に述べられていることが実際にいったいどのような行法であったのかは今日はっきりとは分かってはいません。このような実践形態は今日の修験《しゅげん》に見られるような「眼のまえに神が降りてくる」のを見る行法と似ているとは思われます。『金剛頂経』に述べられている行法が憑依を目指しているわけではありません。ただ、『金剛頂経』に続く後期密教のタントラ経典、例えば『チャクラサンヴァラ』とか『ヘーヴァジュラ』には『金剛頂経』に述べられた行法よりも明らかにシャーマニズムあるいは憑依の要素がより濃くなっていると思われます。今日のわれわれにとっての問題は、『金剛頂経』に述べられた行法が現代の人間にとってどのような意味を持つかということです。

『金剛頂経』に述べられている行法を今日の一般の人に実践可能な道とするためにはわれわれは『金剛頂経』が述べる行法のあり方を現代人にとって可能なかぎり「普遍的な瞑想方法」に

解釈あるいは実践しなおす必要があります。

ある時間、意識を集中するならば人間は現前に「神のようなイメージが立ち上る」のを見ることはできます。このことは意外と簡単なことです。さらにそれが習慣的になれば、「わたしは神のすがたを見た（あるいは、見ることができる）」と主張するようになります。それは自己暗示による錯覚かもしれませんから、われわれは自分の見た（あるいは見たと思っただけの）ヴィジョンに対して常に醒めた眼をもちつづける必要があります。

しかし、現前に聖なるもののイメージを見る（あるいは思い描く）かぎりのことはヒンドゥー教タントリズムの成立以前の古典ヨーガ学派の文献に正統な行法として述べられています。また密教の成立以前の仏教文献の禅定の過程を述べる中で語られていることでもあります。したがって、瞑想の対象をどこまでも思い続けるということがすぐさま憑依状態になることを意味しません。後期の密教におけるように憑依状態に近い状態になるのは瞑想における意識および呼吸の特殊性によります。呼吸の仕方を調節することによって憑依に近い状態になることはそれほど難しいことではありません。（憑依あるいはそれに似た精神生理学的状態に関しては、拙著『マンダラ瞑想法』、角川書店、一九九七年、第一一章を参照されたい。）

憑依状態になるのではなく、しかも聖なるもののイメージを目の当たりにしながらヨーガあるいは観想を続けることは可能であり、それこそわれわれの求める道です。マンダラ観想において現前に聖なるもののすがたを見る場合には、今述べたようにヨーガの行法によるのですが、同時にその聖なるものとしての「神」あるいは人格（ペルソナ）を有する存在に対する帰依があるのが一般的です。元来ヨーガは帰依あるいはバクティとは異なった宗教行為なのですが、密教にあってはこの二つの宗教行為はしばしば一人の実践者において同時になされるのです。

5　修行者が仏になる

すでに述べたように、歴史的な存在であった釈迦（ブッダ）はいわば先生、師なのです。釈迦は「あなたたちを癒してあげよう」とか、「癒してあげるからわたしについて来なさい」とはいわなかった。「自分は舟の渡し守である」という立場に立ったのです。

阿弥陀仏の性格は釈迦のそれと異なります。『無量寿経』によれば、法蔵菩薩《ほうぞう》が世自在王仏《ぜじざいおうぶつ》のみもとにおいて、大誓願を起こしたとあります。そして法蔵菩薩が阿弥陀になったのです。阿弥陀仏は無量の光の仏なのですが、この仏と衆生との間には交わりがあります。この仏は衆生の「たましい」、特に死に赴く者のたましいを救おうとします。こういった「人格神」的な仏はインド初期仏教には見られません。大乗仏教の時代になって登場したのです。

インド精神史第三期の後半、つまり大乗仏教の時代には、今述べたような阿弥陀のような新しい仏が生まれてきます。そして、初期大乗において阿弥陀が生まれたように、密教の確立期つまり七世紀頃に新しい密教仏である大日如来が誕生します。法蔵菩薩の修行がゴータマ・ブッダの行状を踏まえていたように、大日如来の成仏つまり悟りを得るプロセスもゴータマ・ブッダのそれを下敷きにしています。

インド中期密教の終わりころに編纂された『金剛頂経』に述べられる大日如来はまず修行の初心者として登場します。大日如来が修行を始めようとした頃、如来たち（一切如来、すでに悟りを開いている如来たち）が、大日に向かって「お前はそのようなことをしていたならば仏になることはできない」といいます。そこで、大日はかの如来たちに従って修行をして、仏になるのです。

金剛界マンダラに登場する、東方の阿閦《あしゅく》、南方の宝生《ほうしょう》、西方の阿弥陀、北方の不空《ふくう》というこの四人の仏は完成された仏です。一切如来は一般にこの四人によって代表されます。大日以前にすでに多くの仏が存在していたという前提のもとに大日の修行と成仏とが語られるのです。複数の仏が存在するというのが密教の前提です。このことは浄土教にあっても同様です。法蔵菩薩が願を建立したときにはすでに数多くの仏が存在していたのです。

四方の仏たちの中央に初心者である大日が位置するのですから、大日が修行を始める時にはちょうど中央が空のドーナツなような状態です。その大日が修行の結果、仏になり、その四方の仏たちをも含むような大如来になるのです。

修行者の大日が仏になった瞬間に一つの超越あるいは飛躍が見られます。法蔵菩薩が阿弥陀になった場合も同様です。この飛躍とは何かが大問題です。この飛躍は言葉を超えているのかもしれません。しかし、そのようにいってしまったのでは、この先われわれは何の考察もできなくなりますので、われわれの言葉と知によって考察を進めていくことにしましょう。

6　マンダラ成立の四つの要因

ここでマンダラの構造について改めて考察します。マンダラの成立には四つの歴史的な要因が考えられます。第一の要因は、仏教パンテオン（神々の世界・組織）の成立です。仏教はもともと神の存在を認めませんし、神々の姿を図像に表現するということも紀元一世紀頃までありませんでした。神々のイメージの図像化に関してはヴェーダの宗教および紀元前の初期ヒンドゥー教の場合も同様です。第二期、すなわち紀元前一五〇〇年から紀元前五〇〇年ぐらいまでのヴェーダ祭式の時代の人たちは、神々のすがたを彫像に作りませんでした。

七世紀頃、すなわち第三期の終わり頃までには、仏教の中でもいろいろなほとけ（尊格）が登場してきます。阿弥陀仏、毘盧遮那《びるしゃな》（ヴァイローチャナ）などの仏、観音とか文殊《もんじゅ》といった菩薩、四天王や財宝神などのすがたが図像に表され、さらに彼らの間に一種のランク付けがなされました。「マンダラに住む神々」のシステムが成立したのです。

マンダラ成立の第二の要因は、ヴェーダの宗教の儀礼が仏教に積極的に取り入れられるようになったことです。日本の真言宗にあっては護摩《ごま》を焚きますが、この護摩は元来、ヴェーダ祭式のホーマでした。『大日経』にはさまざまな種類の護摩が述べられています。護摩を焚く、つまり、火の神に供物を捧げるのみでは悟りには至ることはできません。仏教は悟りのための方法を説くものです。したがって、護摩という儀礼に個人的な修行、煩悩をなくすための修行としての意味を加えました。護摩を焚くことは、心の中の煩悩を焼いているのであるといった意味をつけ加えることで、古代の儀礼を仏教修行の一環としてとり入れることが出来たのです。このような儀礼の精神化は儀礼の「内化」とも呼ばれますが、このような儀礼の精神化は、紀元二世紀頃に現在の形が成立したと考えられているヒンドゥー教の聖典『バガヴァッド・ギーター』にも見られます。

第三の要因は、初期および中期の大乗仏教において世界構造への関心が増大したことです。マンダラは一種の世界図です。須弥山を中心にした世界図は、実は二〇〇〇年ぐらい前からあります。西暦四〇〇年頃の『倶舎論《くしゃろん》』に須弥山を中心とした精緻な世界のイメージが述べられていますが、須弥山を中心にした世界図がインドにおいてマンダラに取り入れられたのはかなり後つまり九世紀頃以降のことといわれています。空海が持ってきたマンダラには須弥山は描かれていないのはそのためです。

ヒンドゥー教においては世界がどのような仕組みになっているかが大きな関心でした。ヒンドゥー教の影響を強く受けるにいたって仏教も世界の構造に強い関心を抱くようになりました。そのことがマンダラ図にも反映されているのです。

マンダラ成立の第四の要因は、仏教が地方文化あるいは地域土着文化の諸要素を吸収しはじめたことです。例えば、血、骨、皮などの崇拝あるいは儀礼には、それまで仏教僧たちは関与しませんでした。インド仏教の僧侶が動物を殺してその皮を鞣《なめ》す、あるいは間接的にせよそのような作業に関わるなどということは考えられませんでした。初期大乗仏教の僧侶が血のしたたる肉片を仏への供物とすることはありえませんでした。

しかし、後期の仏教タントリズムにあっては切り取られた人間の手が密教の秘密仏に供え物として捧げられているといったマンダラ図が描かれたのです。それは血の儀礼を密教がとり入れたことを意味します。血が「良い」意味を持っていると解釈されなければそういうマンダラは生まれてきません。仏教タントリズムは血の儀礼を有している地域文化を積極的に吸収していったのです。

ヒンドゥーの伝統的バラモンたちも血を忌避しました。例えば、ホーマの儀礼場に血が振り掛けられるというようなことがあれば、その儀礼場ではもはやホーマを行うことはできなかったのです。叙事詩『ラーマーヤナ』にはラーマ王子が儀礼の祭壇を血で汚す魔神を退治する話が語られています。もっとも後世のヒンドゥー教においては、仏教タントリズムの場合と同様、血に対して良い意味が与えられることもありました。

7　日本独自のマンダラ観

日本での「マンダラ」という語の意味は、インド、ネパール、チベットにおけるマンダラとはかなり異なった意味に用いられています。テレビ・マンダラとか、恋マンダラとか、人間マンダラなどともいわれます。恋マンダラという時には、恋の行方がこの先どうなるか分からないという意味が込められています。「人間マンダラ」にも、いろいろな人間がいて、その人間がさまざまに交錯する迷路という意味が含まれています。内部の構造はよく分からないけれども、いくつかの要素が集まって様々な関係を結んでいれば、それはマンダラと日本では呼ばれます。

インド、チベットさらにネパールでは「マンダラ」という語を日本におけるような意味には使いません。どこにどの菩薩がいて、その菩薩と他の菩薩とがどのような関係を結ぶかが明確に決まっていなければ、マンダラとは呼ばれません。ここが日本人のマンダラに対する考え方と違うところです。

マンダラは中国で複雑に発展しました。空海が唐より請来した胎蔵曼荼羅には三百数十のほとけたちが登場しますが、インドで編纂された『大日経』の胎蔵マンダラでは約一二〇尊の尊格が登場するのみです。

空海が日本にマンダラを持ち帰ってきた当時、マンダラがどういうものかということは、彼自身はもちろん知っていたはずですが、日本国内で金剛界マンダラと胎蔵〔界〕マンダラとを見せてこれがマンダラだといっても誰も分からないと思われたのでしょう。空海は自著の中で、文字一つでもいい、ほとけがひとりでも描いてあればマンダラだ、と述べています（立川『最澄と空海』KADOKAWA、二〇一六年、一五八頁参照）。

日本では一文字だけでもマンダラと呼ばれてきました。仏を一文字で表したものを種子《しゅじ》曼荼羅といいます。ほとけが一人いれば別尊《べっそん》曼荼羅と呼ばれます。このような伝統がわれわれに生きているのです。空海が九世紀初頭に「マンダラというのは三〇〇以上のほとけが描かれていて」云々と人々に話していたならば、マンダラは、日本では受け入れられなかったでしょう。

空海はマンダラを驚くほど大胆にかつ簡単明瞭に規定しています。どのようなものも世界であるかあるいは世界の一部であればそれはマンダラなのだと。この考え方によれば、極楽の様子を描いたもの、春日大社《かすがたいしゃ》の図や、観音菩薩の図もすべてマンダラということになります。ようするに、世界を構成する要素のどのような現れも、それが聖なるものであれば、マンダラだというのです。

日本においてこのような大胆かつ大規模な聖化が行われたのです。この聖化はどのようにして可能だったのでしょうか。それは世界に対する「聖なるもの」としての意味づけによって可能となったと思われます。空海はその意味付けをまことに大胆に行うことができた人物でした。

しかし、これでは、わたしが初めに述べたマンダラの定義からは外れます。館がなくてもマンダラと呼ばれるわけですから。しかし、日本の中では、館あるいは器がなくともマンダラと呼ばれてきました。このような呼び方にはすでに一〇〇〇年の歴史があるのです。日本でいうマンダラと、インド、ネパール、チベットでのマンダラでは意味が違うのです。

日本には、阿弥陀が住む浄土を描いた「マンダラ」があります。宮殿の中に阿弥陀がいて、花が咲いていて、菩薩がいて、まさに真宗の仏壇のイメージです。これを浄土変相図《じょうどへんそうず》といいますが、日本ではこれを浄土曼荼羅とも呼んでいます。浄土のことを描いた変相図はネパール、チベット自治区そして中国にもありますが、それをネパール人、チベット人たちはマンダラとは呼びません。

日蓮宗では板《いた》曼荼羅と呼ばれるものがあります。題目《だいもく》を板などに書き表したものです。このようなマンダラはチベット自治区やネパールにはありません。熊野《くまの》や那智《なち》などの参詣曼荼羅というのもあります。山があって、春日大社の赤い鳥居があって、鹿が浮かぶようにいてという春日曼荼羅というのもあります。これもマンダラの日本的な呼び方です。日本では文字一つ、観音ひとりが描かれておればマンダラなのです。

8 この世界をマンダラにする

最近ではチベット（自治区）、ネパール、ブータンなどのマンダラをよく目にするようになりましたが、千何百年のマンダラの歴史の中では、空海あるいは日本が知らなかった歴史が一〇〇〇年以上あるのです。その歴史の中でマンダラを理解しようとするならば、われわれ日本人がマンダラといってきたものと、インド、ネパールのそれとは少し違うのだと知らなくてはなりません。

ようするに、マンダラという語の用い方に関して日本の場合はインド、ネパール、チベットと異なっているのです。この歴史的事実をもって日本人はマンダラというものが分かっていなかったといっても意味がありません。たしかに日本人は世界の構造を分析的に捉えるというようなことは不得手であったでしょう。しかし、今日、マンダラというものの意義を考える場合には日本における「マンダラ」理解には現代的な意味があると思われます。日本の「マンダラ」は「世界の聖化」の大胆な試みであるからです。なるほど日本人は世界の精緻な構造を分析してそれを図面に書き表すといったことはできなかったかもしれません。しかし、自分たちのまわりのさまざまな「世界」を聖なる世界としてのマンダラと理解したということからは今日多くを学ぶことができると思われます。日本におけるマンダラは、自分たちの周囲世界の一部あるいはすべてが聖化されたものなのです。

マンダラとは「聖なるもの」としての意味を与えられたこの世界に他なりません。この世をマンダラとしなくてはならないのです。自然の中で人間が生きているというすがたがマンダラであります。その中で人間たちが実践をして、悟りあるいは救いを得ることを目指すならば、この世界がマンダラなのです。

マンダラ図あるいは心の中のマンダラに対して何らかの儀礼・実践がなされねば、マンダラはマンダラとして機能しないとすでに述べました。

9　マンダラの三層のシンボリズム

マンダラでは少なくとも三層にわたってシンボリズムが機能します。第一層においてマンダラは外的世界を象徴し、第二層では個人の心あるいは自己を、第三層は身体を象徴します。マンダラは世界、自己および身体という三層のそれぞれを象徴するとともに、それら三者の相同関係をも指し示すのです。（ここからの二節は、立川『ヨーガと浄土』講談社、二〇〇八年、一七六〜一九四頁に基づいている。）

インドでは古来、世界のもっとも一般的なイメージは卵だったのですが、立体的なマンダラの基本的イメージも卵です。風船を膨らますと、縦にも横にも膨らんでいきます。「宇宙のビッグバンの際、宇宙が球形に急膨張するが、地球の緯線に相当するものが時間軸であり、経線に相当するものが空間軸である」といわれていますが、卵形を基本形としたマンダラの観想の場合も同様です。マンダラ観想法（瞑想法）では、心の中にビッグバンを起こして世界（宇宙）を作るのです。その際、一つの卵形が心の中で産出されていきます。その卵形ができ上がったところで、中央を輪切りにしてみましょう。タマネギを横に輪切りにした時のような断面が考えられますが、この断面が「世界図」マンダラに相応します。行者は卵形の世界を産出したのち、この世界図と向きあうのです。

マンダラ・シンボリズムの第二層は個人の心あるいは自己でした。心あるいは自己一般の構造図を正確に描くことはほとんど不可能ですが、自己の構造イメージ・モデルを思いうかべることはできます。今、ソフトクリームが盛られた容器コーン（コウン）を思い浮かべてくださ

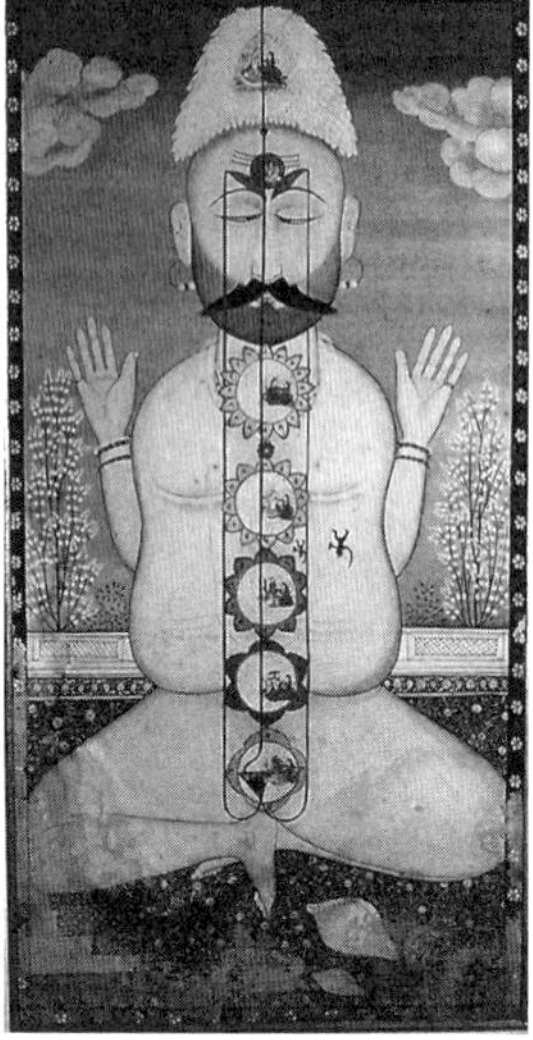

図7—8　身体に並ぶチャクラ（国立博物館、デリー）

い。上部のソフトクリームが意識、下部の容器コーンが無意識の場面に相応すると考えられます。

マンダラ・シンボリズムの第三層は、身体です。後期の密教的ヨーガでは身体の中に主要な脈管である中脈がちょうど背柱に沿うようにしてあると考えられますが、この中脈に数個のチャクラ（神経叢）が並びます（図7—8）。文字の刻まれた花弁が周囲を取り巻いているそれぞれのチャクラも一種のマンダラであるといえるでしょう。仏塔を建立するときには、その中央に柱を建てて、仏の背骨とみなし、その柱の数カ所をさまざまな色の糸で巻きます。これらのさまざまな糸で巻かれた箇所はチャクラと見做されます（図7—9）。

10　マンダラの中心と外縁——原型「母」

これまでマンダラの有する三層のシンボリズムに触れましたが、次にはマンダラにおける中

図7－9　仏塔の中心となる柱（ボードナート、カトマンドゥ、1982年）

心と周縁の関係について考えてみます。この場合は、マンダラを二次元的な観点から考察することになります。中心と周縁の間にはエネルギーあるいは気のよどみのない循環が必要なことはすでに述べましたが、マンダラとヨーガに共通なこの問題をもうすこし掘り下げたいと思います。

チベット人は「マンダラ」（maṇḍala）というサンスクリットを「キルコル」（dkyil 'khor）と訳したことはすでに述べました（一六一頁）。この訳語は、「中心（キル）と周縁（コル）」あるいは「中心を回るもの（コル）」を意味します。この訳語が語るように、マンダラはまさに中心と周縁の動態（ダイナミックス）なのです。マンダラの中心はエネルギーの「かたまり」、つまり極めて高度に凝縮されたエネルギー体であり、周縁はそのエネルギー活動の軌跡である、といえましょう。あるいは、マンダラの中心と周縁は、宇宙の素材あるいはエネルギーの源泉と理解することもできます。以上の二種の解釈のいずれにあっても、マンダラ宇宙の基本構造は、エネルギーを生みつづける物体（matter 基体）とそこから生まれてくるエネルギーとの二要素の関係によって理解できます。物体を意味する語「マター」（matter）は「母」（マザー mother）と語源を共有しています。物体からエネルギーが発せられるように、母からエネルギー体が生み出されるのです。

元型（アーキタイプ）「母」とは、深層心理学における心的機能の元型の一つです。精神分析学者ユングは他の元型として「霊」、「再生」、「トリック・スター」などを挙げています。元型はわれわれにそれとして意識されることはないのですが、さまざまなイメージで象徴されて、われわれの心性の中に存在します。元型「母」は、大地、洞窟、子宮、瓶、穴などのイメージを採るといわれています。マンダラの周縁も元型「母」を象徴するもののひとつと考えられます。古代インドの大地母神《だいじぼしん》の典型は七母神――後世は八母神――ですが、彼女らがマンダラに登場するのは常に周縁においてなのです。ネパールのカトマンドゥ市やバドガオン市の周囲を、八母神の社がマンダラの周縁のようにとりまいています。ヒンドゥーのマンダラあるいはヤントラにおいても八母神は常に外縁に置かれています。

素材としての母は通常、暗あるいは現象の裏に潜みます。現象界のエネルギー活動がそこから生まれてくる場ではあるのですが、母自体は己のすがたを見せません。そもそも元型「母」という操作概念が生まれた分野である深層心理学において「母」は明るい意識世界からは見ることのできない暗の世界である無意識を意味しています。

マンダラの立体イメージにおいても仏たちの宮殿の下、あるいは宮殿が建っているメール山の下には、世界の物質的基礎である四元素が積み上げられていました。これらの素材の世界がエネルギーの基体、つまり「母」なのです。

周縁に関しては二通りの解釈が可能です。一つは、周縁とはある時点におけるエネルギーの活動した軌跡であると把える解釈であり、他の一つは周縁とはエネルギーの源泉、基体であると把えるものです。どちらの解釈が正しいのか、と問うことはあまり意味がありません。この両者とも歴史的に存在してきたのです。また、この二つは歴史的になされてきた解釈の両極端ともいうべきものであり、両者の間にもいくつかの中間的解釈もなされてきたのです。

マンダラの周縁はエネルギー活動の軌跡にすぎないと考えられる場合には、中心は周縁とほとんど関係することなく自らの中に留まることになります。その結果、マンダラは他者と縁起の関係にある現象世界を弁証する力を失うことになるでしょう。また、周縁が強固たる「母」となるならば、世界あるいは個体は居心地のよい「子宮」の中に浮かんでいるのみの無活動の「危険な」状態にあることになり、世界あるいは個体は己れの活動を鎮め、己れの存続のみを守る存在となります。「自分たちを包む大いなるもの」、例えば、さまざまな権力、権威と同化して自己とする危険があります。

マンダラの伝統は宇宙と個体との相同性を追求してきました。マンダラ、特に後世のそれの基本構造は、円と四角によって表現され、生命体の活動は周縁と中心との関係として理解されます。周縁の機能を軽視したときわれわれは生命体としてのわれわれの歴史を忘れることになるでしょうし、周縁に過大な役割を与えることはわれわれをより大きな危険へと導くことになるでしょう。

「母」に対してわれわれはどのような態度を採るべきでしょうか。エネルギーそのものに対して開かれた態度を保ちつつ、今述べたマンダラの二つの見方それぞれの長所と欠点を識別しながら、宇宙の活動するすがたを見つめ続けることが必要でしょう。今日、人間は自然という「母」の中に留まる幼児ではありえないのです。

人間は素材（マター）としての「母」をも変えようとしています。古代インドのサーンキャ哲学によれば現象世界を構成する原物質は自らを宇宙精神である霊我であるとうぬぼれて霊我の真のすがたを覆い隠してしまいます。ちょうどそのように、あるいはそれよりもさらに進んで、現代の人間たちは世界の素材である「母」を殺し始めているのです。というよりも「母殺し」は後戻りできないほどに進んでしまいました。これは幼児が成人になるための親殺しではありません。事態は、「元型」の問題というよりは、型（タイプ）を提供する素材たる人間の生存そのものの問題であります。

第八章　聖なる世界のシンボル——アジアの神々と仏塔

1　アジアの小さな神々

前章において扱った原型「母」にあっては、生類あるいは世界がともかくも「母」の中に存するという前提がありました。ここでいう「母」と神とは同一ではありませんが、神が世界に内在すると考えられている場合には、「母」と神とは近い関係にあると考えられます。そのような関係は、例えば、バンコクやバリなどの東南アジアの各地に見られます。

バンコクなどでは樹木、川、花や動物など、それらが霊的なものあるいは神的な存在として現れてきます。大きな木の下にはしばしば精霊（ピー）の祠が見られます。この町の人々は自分の周りにある自然物の持っている聖なるものを日常的に感じているようです。また、ホテル

図8—1　土地神を祀る社（モンティエン・ホテル玄関脇、バンコク）

の前や街角にはしばしば土地神を祀る社（図8—1）やヒンドゥー教の神ブラフマー神（梵天）の祠（図8—2）があり、四面のこの神像には花環が掛けられ、線香や果物が供えられています。ブラフマーはインドにおいてはヒンドゥー教の主要神のひとりなのですが、ここでは数ある守護神の一人です。

　インドネシアのバリ島の住民の約八〇パーセントがヒンドゥー教徒であるといわれます。イスラム教徒やキリスト教徒よりさらにわずかですが仏教徒も住んでいます。さらにそれらのどれにも属さない宗教に属する人々もいます。バリ島のヒンドゥー教は「ヒンドゥー・ダルマ」と呼ばれています。このヒンドゥー・ダルマにあっては、インドのヒンドゥー教の場合と同じく、ブラフマー・ヴィシュヌ・シヴァの三神が

図8－2　ブラフマー神の社(モンティエン・ホテル玄関脇、バンコク)

図8－3　ブラフマー神と土地神を祀る神社（プラ・デサ）の境内（バトゥワン、バリ）

崇拝されてはいるのですが、それはいわば理論的な枠組みであって、祖霊と土地神つまり「小さな神々」への崇拝がバリ人の崇拝の実質的内容となっています（図8－3、4）。

インドのヒンドゥー教においても樹木、川、動物などに聖性が宿ると考えられてはいますが、それらの樹木や川、あるいはそれらに宿る聖性がヒンドゥー教の主要神となることはありません。インドの各地域にあっては、シヴァとかヴィシュヌといった「全国区」の神々への信仰の他にそれぞれの地域特有の神々への崇拝が見られます。

例えば、インド・マハーラーシュトラ州にはダッタ神への崇拝が盛んであり、イチジクの仲間のウドゥンバラ樹の根元にはこの神の祠がしばしば見られます。しかし、この神へ

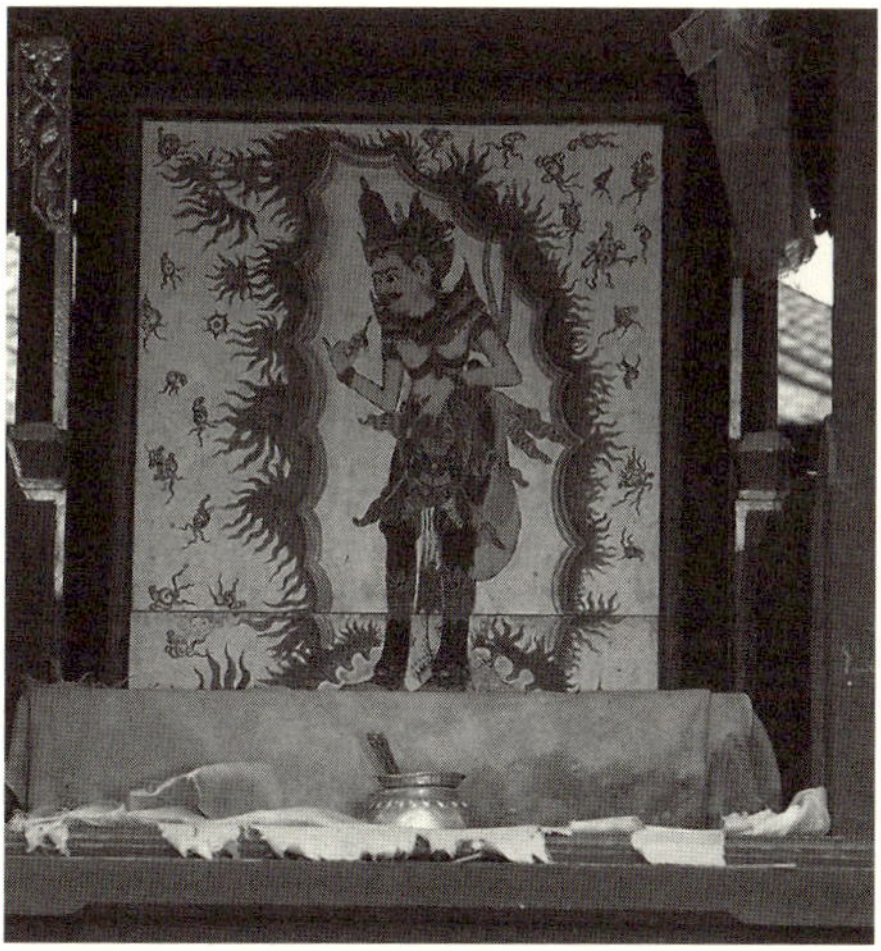

図８－４　ブラフマー神（図８－３）の左の社の内部。

の崇拝はデリーやコルカタにおいてはまず見られません。これはダッタ神がいわば「地方区」の神であるからです。ちなみにバンコクにおいてはシヴァとかヴィシュヌといった「全国区」の神は少なくともインドにおけるような大いなる神としては現れません。バンコクにおける大いなる「神」を強いて求めるならば、ブッダでしょうか。しかし、ブッダは生類を生む「母」ではありません。

たしかにインドやネパールに見られるシヴァやヴィシュヌの力は大きなものです。ある神の力が大きいとは、その神の神話が広領域において知られていること、その神の儀礼（祭礼、供養など）が広領域において大掛かりに行われること、信徒の数が多いことなどを意味します。また「大いなる神」は一般に宇宙の創成神話の主役を演じています。

このようにインドにおいてはシヴァとかヴィシュヌといった「全国区」の神とダッタ神のような「地方区」の神との違いはあるのですが、両者とも世界の中に存する神、すなわち「母」の中にある神なのです。

日本ではヴィシュヌやシヴァに相当するような大神が登場することはない一方で、樹木や川、あるいは祖先、精霊といったものがそれぞれ強い霊気を持って人々の中に生きています。神道の伝統に生きている人々は、森に吹いてくる風に神的なものを感じ、岩や大木に神が宿っていると考えます。奈良の春日大社《かすがたいしゃ》の御神体も複数の山々であって、山や森を創造した神ではありません。このような意味では日本の神々もインドや東南アジアの神々と同様に考えることができるでしょう。

2 大きな神

かつてわたしはアメリカやドイツで暮らす機会を得ました。キリスト教の教会やユダヤ教のシナゴーグにいったときのことをしばしば思い出しますが、それらの場において感じられた神は東南アジアの神々とは大きく異なっていました。その神は人間たちをはるか上空から見下ろしているようでした。キリスト者にとって、どんなに美しい花であっても、それは神の聖性を有するものであって、神そのものでもなく、神の「部分」でもありません。空飛ぶ鳥のすがたや川に住む魚の動きに神の業《わざ》を見ることはあっても、鳥や魚は神の身体の一部ではないのです。

イスラム教、ユダヤ教さらにはキリスト教におけるような「大きな」神への崇拝、あるいは一神教の信仰に大きくぶつかった経験を、明治以降は別として、日本人は持っていません。戦国時代にはキリスト教が入ってきましたが、日本文化を根底から変えることにはなりませんでした。仏教において一神教的な信仰といえば、親鸞《しんらん》の阿弥陀《あみだ》信仰が思い出されます。親鸞の信仰においては、阿弥陀仏以外の仏に帰依するということは勧められたことではありません。阿弥陀仏の一つの固定したイメージをも追い求めることも真宗の教義では禁じられています。阿弥陀仏はヤハウェやアッラーといった一神教の神ではありませんが、真宗の阿弥陀崇拝においては、他の精霊、他の神々に対する信仰というものは避けられます。

中国や日本の仏教の歴史において法華経崇拝の伝統はまことに大きなものです。『法華経《ほけきょう》』には久遠実成《くおんじつじょう》の如来が説かれています。仏教史において仏が永遠の存在であるといわれるのは珍しいことです。この如来は方便《ほうべん》として涅槃《ねはん》の姿を幾度も示しながら、無数の劫《こう》にわたって永久に説法を続けるといわれています。法華経崇拝においては『法華経』あるいはそこに説かれたほとけたち以外の崇拝は避けられる傾向があります。そうではあるのですが、阿弥陀崇拝や法華経崇拝には、キリスト教における神、イスラム教におけるアッラーといった神への崇拝とは異なるものがあります。

インドにおけるヒンドゥー教にあっては、先ほど述べたように「全国区」とも呼ぶべき神々が現れますが、シヴァ、ヴィシュヌ、ブラフマーの三主要神とする伝統的なヒンドゥー教以外に、いわゆる「低い」カースト（ヴァルナ）の間で信仰されている宗教があります。たとえば、特に南インドにおいて見られるマリアアイ女神への崇拝やマハーラーシュトラ州において盛んな水牛の神マソーバーへの崇拝では、ヴィシュヌやシヴァに対応するような大神は見られません。

マリアアイ崇拝やマソーバー崇拝などの場合は、それらの崇拝の行われている地域が限られているために「大神」が登場しないのだと考えられるかもしれませんが、かならずしもそうともいえません。『旧約』の神ヤハウェが崇拝されていたのは当初はかなり限られた地域あるいは民族においてであったのですが、かのような強力な神が登場したのですから。『旧約』の民であるヘブライ人はセム族に属しますが、セム族の宗教だからといって神ヤハウェ信仰に見られるような一神教であるとはかぎりません。セム族の宗教の中には多神教もあったのです。

インドの宗教に話を戻します。ヒンドゥー教にあってはいわゆる「全国区の神々」の伝統とは別にそれぞれの地域において、東南アジアあるいは日本の地域に見られるような、地域ごとの神々に対する崇拝が見られることはすでに述べました。ヒンドゥー教において「大きな神」

図8－5　マリアイ女神のシンボルとしての壺と葉（プネー、インド、1987年）

図8－6　マリアイの祭りで蛇の形の鞭を振って踊る司祭（写真左）

図8－7　蛇の姿の鞭を持つ女装したマリアイの司祭（プネー）

図8－8　マソーバーの社（プネー）

図8－9　マソーバー神のシンボル。図8－8の内部。

への崇拝が見られるのは、シヴァ・ヴィシュヌ・ブラフマーおよびそれらの神々の妃たちが主要な神々として崇拝される「大いなる伝統」としてのヒンドゥー教においてなのです。

今日、東南アジアにおいて「大いなる伝統」を有するヒンドゥー教は、シンガポール、バンコクなどのヒンドゥー教寺院などを別にすれば、ほとんど見られません。一三世紀頃まで東南アジアにおいてヒンドゥー教が広まっていたのですが、これは当時、東南アジア各地にインド人社会が存在していたことによります。インド本土がイスラム教徒の政治的支配を受け始めると東南アジアのインド人町は消えていきました。少なくとも当時ではカースト制度（ヴァルナ制度）を有するインド人社会があってはじめてヒンドゥー教が存続できたのです。

もともと仏教ではヒンドゥー教に見られるような「大きな神」は存在しません。この「大きな神の不在」は、仏教が東・東南アジアに伝播できたということと無関係ではないようです。例えば、観音菩薩《かんのんぼさつ》が他の尊格との融合・混淆をまったく認めない強固な神であったならば、今日見られるような東アジアにおける観音信仰の広がりはなかったでしょう。

中国の道教にあっても、道教全体を統べるような一人の大神が現れるわけではありません。儒教においても孔子《こうし》はヴィシュヌやシヴァというような神としては考えられていないのです。このように東南アジア、東アジアにおいては不特定多数の神々に対する信仰が行われており、とくに祖先あるいは人々、自然物に対して与えられた聖性の度合いが高いといえます。

3 カトマンドゥ盆地のネワール仏教

ヒマーラヤ山脈には小ヒマーラヤと大ヒマーラヤがあるのですが、この二つのヒマーラヤの間にカトマンドゥ盆地があります。この盆地は三〇〇〇メートルを超す山によって囲まれています。カトマンドゥには実に多くの寺院があり、この盆地全体が寺院の集積だといっても過言ではありません。盆地にはヒンドゥー教、盆地にすむネワール人たちの大乗仏教（ネワール仏教）、チベット仏教、ポン教、さらにこれら以外の宗教を信奉する人々が住んでいます。近年ではテーラヴァーダ仏教の僧も活躍しています。南北約二〇キロ、東西約二五キロのこの盆地は、ネパールの一割強の人口、つまり二五〇万以上の人々を擁しており、その中に多種多様な民族、宗教が「生きて」いるのです。

カトマンドゥ盆地はネパールの歴史を通じて、そして今日においても経済・文化の中心です。紀元四、五世紀には盆地の中でかなり高度なネワール文化があったことが分かっています。ネワール人は、チベット・ビルマ語系の言葉を話しています。彼らの話すネワール語はチベット語と似ており、文章の構造はかなり日本語のそれに似ています。ネワールの人口は全体で数十万といわれ、今日そのうち三分の一弱が仏教徒としての自覚を持っていると推定されます。この人々が盆地における大乗仏教を支えてきたのです。

インドから伝えられてきた大乗仏教がインド的な要素を残しながら、現在に生き残っているのはカトマンドゥ盆地のみです。チベット仏教もインドから伝えられたものなのですが、チベット仏教は独自の発展を遂げており、今日のチベット仏教の図像や儀礼にあってはインド的要素は少なくなっています。今日のチベット仏教からは、かつてのインド仏教の在り方、特に儀礼の仕方を垣間見ることはほとんどできません。

ネワールの仏教徒たちは、自分たちの言語がチベット・ビルマ語系であるにもかかわらず、仏たちの名前などはサンスクリットをそのまま使い、儀礼書（儀軌）などは多くの場合サンス

図８—10　ネワール僧によるホーマ（ある仏教寺院本堂の前、カトマンドゥ市）

クリットのテキストを今日も使っています。ネワール仏教はいわば日本の真言宗のような仏教であり、明らかに密教に属します。彼らは自分たちの密教を金剛乗《こんごうじょう》（ヴァジュラ・ヤーナ）と呼んでいます。

盆地ではネワール仏教の儀礼が盛んに行われています。外部の者が見ることができない儀礼もありますが、旅行者が観察できる儀礼も数多く行われています（図８—10）。ネワール人の中のシャキャとよばれるカースト（ジャーティ、職能集団）は美術工芸に秀でており、彼らは仏像などの鋳造を盛んに行っています。盆地では仏教の造形活動を目の当たりにすることができます。街の中を歩けば、まるで博物館の中にいるようなもので、見事な彫像を街角の店や寺院の中で見ることができます。

図８－11　綿で作った蛇。病気治癒などを祈願するために作られる（ビジェーシュバリー寺院、カトマンドゥ市）

図８－12　蛇神ゴーリーナーガの社（カトマンドゥ市）

図８—13　女神クマーリーのシンボル石への供養（カトマンドゥ市）

この盆地ではネワール仏教とともにヒンドゥー教も生きています。二〇〇八年まではこの国の国教はヒンドゥー教でした。盆地においてもネパール全土においてもヒンドゥー教の勢力の方が仏教のそれを凌いでいます。ネワール人の約七、八割はヒンドゥー教徒であり、インド系のネパール人はほとんどがヒンドゥー教徒です。また、ネパールではシヴァ、ヴィシュヌ、さらには女神ドゥルガーなどヒンドゥー教の中の大伝統に認められた神々に対する崇拝が行われています。一方では、蛇、樹木さらには土着の神々に対する崇拝も見られます（図８—11、図８—12）。バンコクなどの東南アジアの地域と比べるならばカトマンドゥ盆地におけるヒンドゥー教の勢力ははるかに大きなものです。しかし、アメリカやドイツのキリスト教の神に比べるならば、カトマンドゥ盆地に見られる神々はやはり「小さな神々」ということができるでしょう。

「デーヴァ・アーラヤ」(神の場)というサンスクリットの単語は寺院を意味します。アジアの神々は寺院に住むこともありますが、樹木や石(図8―13)、川や山にも宿ります。それらの自然物が神そのものと考えられることもしばしばです。火には火の神アグニが宿りますが、火そのものも神なのです。

「聖なるもの」と「俗なるもの」という二つの概念をこれまでに用いてきましたが、ここでは「聖性」という概念に注目してみましょう。「聖なるもの」(the sacred)は神、悟りなどを意味しますが、寺院、尊像などのものあるいは祭日などの時をも意味します。「聖性」(sacredness)は聖なるものの存する特質をいいます。寺院や仏像は聖なるものであり、寺院や仏像には聖性が存する、というように考えられます。

問題は、仏像と聖性との関係です。今、ある仏像が木造であり、美術的に優れたものであるとしましょう。その美しさ神々しさは聖性とは本来は別のものです。「聖なるもの」あるいは聖性は宗教的価値を有しています。どのように美しい仏像であっても、宗教に無関心な人には「聖なる」意味は感じられません。一方、美術的価値のないもの、例えば、一本の木の棒であっても、それに宗教的価値、すなわち、「聖なるもの」としての意味づけが行われることは充分ありえます。どのようにその木像が美しいものであっても、その像は木という素材から作られています。木は聖なるものではないと考える人々の多いことは頷けます。もしも木像を聖なるものであるとするならば、「偶像崇拝」というレッテルを貼られてしまいます。一方、「その木像からは聖性が感じられる」という人もいることでしょう。この場合には像と聖性とは一応別のものと考えられています。

一方、東南および東アジアにおいてはものそのものが聖なるものであると考えられる場合が多いようですが、「偶像崇拝か」といえば、「そうではない」という答えがすぐさま返ってくるでしょう。一方では、聖性とものとを区別することは少ないようです。例えば、「ある樹木が聖なるものである」といわれる場合は、「その樹木に聖性が宿っている」と考えるよりも、樹木そのものが聖なるものあるいは聖性であると考えられているようです。その「聖なるもの」はもちろん阿弥陀とか大日といった「大いなる神（仏）」ではなくて「小さな神」でしょう。しかし、アジアの人々にとっては「小さな神」が神である場合が多いのです。というよりも「大きな神」は必要ないといった方が正確でしょう。

このような考え方には、「諸法実相《しょほうじっそう》」（現象が真実である）という仏教の考え方と通じるものがあるようです。また小さな神々が無数に存在することを許すという考え方がマンダラを産んだ要因の一つでありましょう。

4　スヴァヤンブーナート仏塔

カトマンドゥ盆地の西北部にはスヴァヤンブーナートと呼ばれる仏塔があります。これはネワール仏教のひとつの中心です。この丘は一二〇メートルほどの高さで、この西の入り口からスヴァヤンブーナートの仏塔を回るように左右に階段があります。左の階段から上がって右の階段から降りる、つまり、仏塔を右回りに回るというのが一般的です。

ゴータマ・ブッダが亡くなったときに、その遺体を荼毘《だび》に付した後、八つの部族が分骨してそれぞれの国に持ちかえり、ストゥーパ（仏塔）を作ったといわれています。仏教徒にとってブッダの涅槃のシンボルである仏塔は仏像よりも重要なものです。仏教史を通じて仏像のなかった地域あるいは時代はあったのですが、仏塔のない地域や時代は存在しません。日本では仏教といえばまず仏像を思い出す人が多いでしょう。しかし、ネパール、チベットさらには東南アジアでは、仏教といえば人々はまず仏塔を思うようです。

「スヴァヤンブー」とは、仏塔の名前ですが、このあたりの地域をも指します。ネワール語では「ソエンブ」と呼ばれています。日本のお寺の本堂にあたるものはこの丘の上にはありません。「スヴァヤンブー」あるいは「スヴァヤンブーナート」とよばれるこの仏塔自体が本堂なのであり、この大きな仏塔を中心とする小さないくつかの社や多数の小さな仏塔（奉献塔）の集合がスヴァヤンブーナートと呼ばれる寺院です。

「スヴァヤン」とは「おのずから」という意味であり、「ブー」というのは「生まれたもの」という意味であって、したがって「スヴァヤンブー」とは、「他によらずに自から生じたもの」ということです。元来は文殊菩薩《もんじゅ》を意味するという説もあれば、本初仏《ほんしょぶつ》（無始以来存在している仏）を意味するという説もあります。しかし、仏教では一般にすべてのものが縁起《えんぎ》によってできていると考えられますから、「自から生じたもの」といえば仏教の伝統的な考え方になじみません。これをヒンドゥー教の考え方の影響なのか、あるいは仏教の変質とみるのかは、解釈が分かれるところです。ともあれ「スヴァヤンブー」という名称はこの仏塔あるいは寺院に対して一〇〇〇年以上にわたって用いられてきました。

「ナート」は尊師あるいは導師を、「スヴァヤンブーナート」は人格を伴った師あるいは尊格（神）を指しています。仏塔はもともと釈迦の涅槃の象徴なのですが、ここでは仏塔が一つの人格を有する者（ほとけ）を意味すると考えられています。カトマンドゥ盆地における仏塔の平頭部分の多くには、目や鼻が描かれています。ブッダが坐っているあるいは瞑想している姿を写したものと考えられています。

仏塔がブッダの身体を表すという考え方は、チベット仏教徒たちやバンコクの上座仏教徒たちからも聞いたことがあります。そのような意味ではスヴァヤンブーナート仏塔は仏像にかぎりなく近いものです。

このスヴァヤンブーナートの仏塔にはいくつかの龕《がん》が彫り込まれており、それらの龕の中に仏像が収められています。当初はそれらの龕には法界《ほっかい》マンダラのほとけたちが祀られていたのですが、後世、この仏塔に金剛界《こんごうかい》マンダラの中尊である大日如来《だいにちにょらい》の龕およびその妃の龕が付け加えられました。法界マンダラの中尊は大日如来ではなく文殊菩薩なのですが、この仏塔では大日如来の龕が加えられたために金剛界マンダラと法界マンダラとが統合されたようなかたちとなっているのです。

法界マンダラにあっては金剛界マンダラと同様、東に阿閦《あしゅく》、南に宝生《ほうしょう》、西に阿弥陀《あみだ》、北に不《ふ》空成就《くうじょうじゅ》の四仏が並ぶのですが、四仏それぞれの左に（向かって右）は妃の像が配されています。金剛界マンダラと法界マンダラには同じ四仏が見られるのですが、妃は異なります。スヴァヤンブーナートは仏塔ではあるのですが、今述べたように側面の龕には法界マンダラおよび金剛界マンダラのほとけたちが配されているために、全体としてはマンダラを構成しているといえます。

ほとんどのマンダラには数多くの神々が見られ、そこに登場する神々の全メンバーが一人の仏の姿と考えられることがあります。例えば、一二世紀頃、インドで著されたマンダラ説明書である『完成せるヨーガの環《わ》』（ニシュパンナヨーガ・アーヴァリー）第一〇章の冒頭には「九尊よりなる世尊ブッダカパーラのマンダラにおいては」とあり「世尊ブッダカパーラの九尊よりなるマンダラ」とは書かれてありません。

法界マンダラや金剛界マンダラの場合も、それらのマンダラの中尊、すなわち法界マンダラでは文殊菩薩が、金剛界マンダラでは大日如来の姿がこのような多くの尊格を分身として顕現させていると考えられます。少なくともそのような考え方をする伝統があります。このスヴァヤンブーナート仏塔のように側面にいくつかの尊像を収めた龕が並んでいる仏塔がしばしば見られるのですが、そのような仏塔全体は一つのマンダラであり、そしてその仏塔全体もひとりの尊格を表しているとも考えられます。

5　仏塔と世界構成要素

スヴァヤンブーナート仏塔（図8―14）について述べましたが、続いて仏塔のシンボリズムについて考えてみます。カトマンドゥ盆地には夥《おびただ》しい数の仏塔があります。仏塔とはブッダの死つまり涅槃の象徴です。キリスト教においてイエスの十字架が重要であるように、仏教においてもブッダの涅槃は決定的な意味を持ってきました。仏塔という「ブッダの涅槃の象徴」は、後世、「生者たちが住む世界」という意味を有するようにもなりましたが、どのようにしてそのような象徴の意味の変化が起きたのでしょうか。

カトマンドゥ盆地には今日、約千数百の仏塔が残っており、スヴァヤンブーナート寺院の境《けい》内《だい》のみでも二〇〇基以上の仏塔があります。この寺院の境内にある仏塔は九、一〇世紀頃からの時代のものから、つい最近に建てられたものまでさまざまです（図8―15）。この寺院の境内の中だけでも、仏塔一〇〇〇年の歴史を見ることができます。

スヴァヤンブーナート仏塔寺院の境内には多くの小さな仏塔（奉献塔）が並んでいますが、それらの中の幾つかの仏塔の基壇は、例えば、図8―16、8―17に見られるように下が広く上が細くなっているおむすび型をしています。

この仏塔の基壇は八角になっており基壇の最大部には周囲に蛇が彫りこまれていますが、その蛇は北側で自分の尾を噛んでいます。世界が創造されるとき、まだ混沌としたままの世界を原初の蛇が取り巻くといわれますが、その蛇がここにも表わされているのです。

図8―16に見られる最下段の蛇の環の二段上に、水の要素を示す波型の模様が刻まれた円盤があり、その上には大きな花弁の環があります。その花弁の環の上に杭状のものが縦に並んで柵となっていますが、この柵は地の元素を表すシンボルと思われます。その上には花らしきものが横に並んでいますが、これは風を表すといわれています。その上に火の元素を表す火炎輪

図８－14　スヴァヤンブーナート仏塔（2005年）

図８－15　スヴァヤンブーナート仏塔と奉献塔群。仏塔に眼と鼻が描かれている（2014年）

図８－16　スヴァヤンブーナート仏塔の近くにある奉献塔（2012年）

図８－17　図８－16の部分拡大図

図8－18　仏塔の下部（ビジェーシュバリー寺院、カトマンドゥ市）

が見られます。その上には再び花弁の環があり、さらにその上には再び蛇が現れます。

その蛇の上には「たまご」（アンダ）と呼ばれる仏塔の本体があり、その四側面に四仏の像が見られます。東には触地印《そくじいん》を結ぶ阿閦、南に与願《よがん》印を結ぶ宝生、西には禅定《ぜんじょう》印を結ぶ阿弥陀、北には施無畏《せむい》印を結ぶ不空成就の像が見られます。

「たまご」の上に一辺五センチほどの角筒があり、その四面にはブッダの両目、鼻および眉間の点で「顔」が表現されています。たまごの上の四角い筒の上に一三段の階段に似たものは菩薩地つまり仏となる修行階梯を表しています。このように世界の地・水・火・風という物質的な基礎の上に「たまご」があり、その仏塔の四面に仏像が配されるという型は、カトマンドゥの仏塔のひとつの典型です。

　このような「たまご」の構造を有する仏塔はカトマンドゥ盆地においてはよく知られています。例えば、スヴァヤンブーナート仏塔の丘から降りたところにあるヨーギニー女神を祀るビジェーシュバリー（ヴィドゥイエーシュヴァリー）寺院には図8―16の場合と違いはありますが、同じような仏塔があります（図8―18参照）。

6　時のベルト・コンベヤー

何年か前のバンコクの空港で出国の検査を待っていた時のことをときおり思い出します。カトマンドゥ行のタイ航空に乗るため、チェックインを済ませて出国のための審査場に行った時のことです。人々が一〇を超える列を作って出国手続きを待っており、それぞれの列には二〇人以上の人が待っていました。さまざまな国からの人がいました。わたしのすぐ右の列にはアメリカ合衆国から来たと思われる女性がいました。背中に金色のジッパーをつけただけのノン・スリーブのワンピースを着て、見事なプロポーションを見せていました。左には大きな声で話すロシア人の家族。ロシアのパスポートを振りかざしながら大声で話していました。家族全員がとても大きな体格でした。また目の前には中国人と思われるグループが並んでいたのを覚えています。

全員が出国管理局の職員たちに向かって並んでいました。確実に少しずつ前へと進み、検査が終わった人から向こうに消えてその姿は見えなくなります。少しずつわたしの前に並ぶ人々がいなくなって自分の順番が来ることになりました。何の変哲もない、これまでに幾度となく見た光景でした。

これらの人々を見ていた時、自分も含めてすべての人々が、自動的に動く大きなベルトに乗せられて前に進んでいるように思われました。前に向かって並んでいる人々が少しずつ前進するさまは、人間たちが、時間のベルト・コンベヤーに乗せられ進んでいるようでした。

時間の歩みをベルト・コンベヤーに譬える以外にも、時間の考え方はもちろんあります。そもそも時間が帯のようなあるいは平らな均質なものであると考えるのは正しくないのかもしれません。しかし、もろもろの存在、人間や動物、植物やさらには岩や岩石をも含めて時間がそれらをどこかに運んでいる、あるいは、時間の中でそれらを運んでいるのは事実です。

時間のベルト・コンベヤーに乗せられていく先は、生物にとって死です。ある生物が死んだ後にも、巨大なベルトは動き続けるのでしょうが、ベルトから降ろされるというのは個々の生き物にとっては決定的なことです。わたしも出国手続きの順番が来て、列から離れ向こう側へ行ってしまったのですが、それがもし死の国への出発であったならばその手続きは決定的な事件となるはずでした。

時間のベルトに乗っているのはもちろん自分一人ではありません。兄弟も友達もいます。彼らもまた時間の力の中にあります。兄弟であれ、職場の仲間たちであれ、われわれはその人たちと関係を持ち、あるいは助けられ、時間の中で生活をしているのですが、それぞれの個体が例外なくベルトの上に乗って、どこかに運ばれていることは否定できません。そして、それぞれの人にとって「手続き」の済んだ時、つまり死の時は如何《いかん》ともし難いものです。

行為はかならず時間の中で行われます。行為は時間の関数だからです。時間の中で行われるすべての行為には、現状認識、目的、および手段という三つの要素が見られます。例えば、自分が煩悩にまみれた存在であると気付いた者が、悟りを開くという目的のために、修行という手段を選ぶというように。

われわれの行為はさまざまな目的を目指しているのですが、大局的には人間のみならず生命のあるものの行為は、自らに与えられた生命を、それぞれの仕方において保持するという一つの共通した目標に向かっているようです。命あるものがその中で行為をなす場、それが世界です。世界の具体的であり、かつ基礎的な部分が自然なのです。もっともこのレベルにおいて理解された世界としてのマンダラはまったくの基礎的な側面であって、マンダラにはこの基礎を踏まえてさらに高次の側面が考えられてきました。

7 仏塔が表すもの

ネワール仏教では旧暦の七月から八月にかけて一か月間グンラー・ダルマと呼ばれる祭りがありますが、その期間、人々は朝早くスヴァヤンブーナートの仏塔にやって来て右回りに回り続けます。右回りに回ることは、右にしているもの——例えば、仏塔——の中心に限りなく入っていくことだと信じられています。

三〇年ほど前までには、実に多くの人々が太鼓を叩き、笛を吹きながら列をなしてスヴァヤンブーナートの仏塔を回っていました。朝六時ごろ人々が鳴らす太鼓や笛の音が街中に聞こえたものです。最近はめったに聞かれなくなってしまったようですが、この祭りの期間中、人々が毎朝仏塔の周りを回ることは今も続いています。

かつてグンラー・ダルマの祭りが始まる前の晩からスヴァヤンブーナートの丘の上で夜を明かしたことがあります。夜が明けると多くの人々が丘に登ってきて仏塔のまわりをまわり続けました。輪廻《りんね》の輪を回る生類のように人々は仏塔を回っていました。スヴァヤンブーナート仏塔の周りにあるかのおびただしい数の小さな仏塔もスヴァヤンブーナートの周りを回っており、スヴァヤンブーナートの中心に吸い込まれていくように見えたことを覚えています。

仏塔は、ほとんどの場合、土饅頭型、球形、円筒形をしています。このような形態からも分かるようにそれ自体が閉じられた、あるいはまとまった世界を表しています。人間のひとりひとりは世界あるいは大宇宙の中の一部ではありますが、同時に一人一人が「閉じられた」心的世界を持ち、その心的世界の中では一つの完結した世界を有しています。スヴァヤンブーナート大仏塔のまわりに実におびただしい数の仏塔があり、すでに述べたようにカトマンドゥ盆地

図８—19　仏塔型の個人の墓（ヴィエンチャン、ラオス）

には千数百の仏塔があります。それらはそれぞれが完結せる世界を表現しているのです。

元来、仏塔は釈迦の涅槃のシンボルです。また、スヴァヤンブーナートあるいはカトマンドゥの盆地における多くの仏塔の平頭の四面それぞれに顔が描かれていますから、この盆地では仏塔が仏あるいはブッダの身体を意味していることが分かります。仏塔はカトマンドゥ盆地ではさまざまな目的に用いられています。一家の主あるいはその父・母の誕生日などには、家族の敷地内に建てられた仏塔の前で護摩（ホーマ）が焚かれ儀礼が行われ、その家の主などの誕生祝いが行われます。息子の成人式も仏塔の前で行われることがあります。また人々は仏塔の前でお米を撒いたり、花を供えたり、額をつけたりします。

仏塔は元来はブッダの死の象徴なのですが、カトマンドゥ盆地におけるネワール仏教を見ているかぎり、日本におけるほど死者儀礼とは関係していないようです。仏塔を用いることなく祖先崇拝のための儀礼（シュラーッダ）もしばしば行われます。人が死んで遺体が荼毘に付される時も仏塔が不可欠ではありません。少なくとも、仏塔の前で荼毘に付す、あるいは仏塔の周りを回って荼毘に付すなどということはほとんど見られません。

スヴァヤンブーナートの丘を下りたところを流れるバグマティ川の岸にはネワールの人々の火葬場があり、ここではヒンドゥー教のみではなく仏教徒の火葬も行われるのですが、火葬の際、常に仏塔に対して儀礼が必ず行われるというわけではありません。荼毘に付された死者の骨を入れて仏塔を建てることも時としてはあるようですが、ネワール仏教徒の間には日本におけるような先祖の墓はありません。日本では仏塔というと先祖の遺骨あるいは仏舎利《ぶっしゃり》を祀ったところと理解される場合がほとんどです。

東南アジアやネパール、チベットにおいても、仏舎利には釈迦の遺骨が納められていると多くの人々が考えていますが、それらの地域で一般の人々の遺骨が仏塔に祀られるということはまず考えられません。チベット人の間では遺灰を土に混ぜた小さな仏塔（ツァツァ）を作って、仏塔の周りあるいは基壇が部屋になった仏塔の中に収めるという習わしが見られます（立川『死後の世界─東アジア宗教の回廊をゆく─』ぷねうま舎、二〇一七年、五六頁参照）。また近年のタイ、ラオス、カンボジアなどでは特に中国系の人々の間に「仏塔」の中に個々人の遺骨を納めるというようなことがしばしば見られます（図8―19）。

このようにカトマンドゥ盆地における仏塔は死者儀礼とそれほど強く結びついているわけではありません。ただ、すでに述べたように、カトマンドゥ盆地におけるネワール仏教徒やチベット仏教徒の間では、西インドと比較するならば、明らかに祖先崇拝の要素がより多いといえます。だが、盆地における仏塔そのものは日本の墓のような機能を果たしてはいません。仏塔が世界の意味を強めると、仏塔は死者儀礼あるいは祖先崇拝との結びつきを弱めることがアジア各地において見られます。祖先崇拝が強い地域では仏塔は世界のシンボリズムを弱めていると思われます。祖先崇拝が強い地域である日本や韓国においては仏塔には世界としての意味がほとんど見られないのです。

8 仏塔を回るということ

スヴァヤンブーナート仏塔の周りを回る人々は「仏塔を回ることによって限りなく仏塔すなわち仏の中に入っていく」といいます。ただ人々はそれほど真剣に回っているとも思えません。お祭りのような気分で仏塔の周りを回っている人々がほとんどです。日本でも人々は元旦に初詣に行きますが、それによって根源的な救いや悟りが得られると考えている人はいないでしょう。仏塔の周りを回ったからといって、根源的な救いが得られない、ということはネワールの人々も知っています。しかし、そのような行楽気分が無意味だとはいえないでしょう。

仏塔の周りを回るということは、実は浄土教でいう念仏を唱えることとあるいは、『般若心経』でいう般若波羅蜜《はんにゃはらみつ》を唱えるということと構造は同じだと思われます。宗教の根源は、もしかすると全く簡単なところにあるのかもしれません。悟りをひらくことは簡単だといっているわけではありません。仏塔の周りを回るというのはどのようなことなのかなどと、宗教哲学的な構造を事細かに調べたとしても、最後に行きつくところは全く出発点に戻るのではないかということです。直截さが宗教の本質なのであり、聖なるものに接することはまったく簡単なことなのかもしれないと思うのです。

9　仏塔と死

わたしがこの世からいなくなっても、かのスヴァヤンブーナートの仏塔は存続するでしょう。一〇〇年以上前のスケッチや写真などを見るかぎり、この仏塔の周りには家も何も立っていないのですが、仏塔自体はこれから先も、仏教徒たちの信仰の中心であり続けると思われます。

仏塔はブッダの涅槃の象徴であることはすでに述べましたが、仏教はブッダの涅槃を忌み嫌うものとしてではなくて、ひとつの平安、あるいは苦しみがなくなったところとして捉えてきました。死とは通常、われわれは善きものあるいは、最終的に求めるところとは一般的には考えてはいませんが、仏教が死を寂静なる平安の境地として捉えてきたことは確かです。

この仏教徒の涅槃の考え方はヒンドゥー教徒のそれと比べるならばより一層はっきりします。ヒンドゥー教はシヴァ神を崇めますが、この神はしばしばリンガつまり男根として表されます。紀元前一世紀頃にはシヴァのシンボルとして男根が用いられはじめ、グプタ朝以降にはこのシンボルは一般に知られるようになったと思われます。仏教において最も重要なシンボルが仏塔であるとするならば、ヒンドゥー教のシヴァ派のもっとも重要なシンボルがリンガです。

仏塔はブッダの死を表し、シヴァは生命の象徴を表します。この両者の基本的な形は似ています。卵の形を基本としています。卵の上に飾りのようなもの（平頭）をつければ仏塔になり、つけなければリンガになります。ヒンドゥー教徒はシヴァを意味する卵を自分たちのシンボルとして、仏教徒たちはブッダの死を意味する仏塔、すなわち卵型の頭に形をつけたものを用いてきたのです。もっとも仏塔の方がブッダの死を仏塔として象徴してきた歴史の方が、はるかにヒンドゥー教のリンガよりも古いのですが、グプタ朝に入ったあたりからはヒンドゥー教と仏教とは同じような卵型のものを自分たちのもっとも重要なシンボルとして用いてきたと思わ

図8－20　カールラー仏塔。仏塔の背後を右回りに回る通路がある（マハーラーシュトラ州、インド、横田憲治撮影）

図8－21　シヴァとその妃の統一を示すリンガ・ヨーニ（パシュパティナート寺院、カトマンドゥ）

れます。

この卵型は世界を意味します。世界が卵と呼ばれることは、ヴェーダの宗教の後期つまり仏教誕生以前にすでに見られます。仏教徒はストゥーパをブッダの涅槃の象徴として選んだのですが、これは仏教以前にすでにつくられていた豪族の墓、つまり土饅頭のような墓のかたちを踏襲したと考えられます。おそらくは土饅頭の上に木などを植えたのでしょう。土饅頭形の上に柵があって木があるという形が、後世、仏塔の平頭として残ったと思われます（図8－20）。

インドにおいて紀元六、七世紀までの寺院の本堂のもっとも一般的なプランは馬蹄形です。馬蹄形本堂の一番奥に、仏教寺院であれば仏塔が置かれ、ヒンドゥー教の寺院であれ

図8―22　リンガ・ヨーニと一体になった仏塔（ビジェーシュバリー寺院、カトマンドゥ）

ばリンガが置かれていました。

仏教徒たちは仏塔を右回りに回り、ヒンドゥー教徒たちはリンガを右回りに回ったのです。仏教徒はかの仏塔を死の象徴と考えて、ヒンドゥー教徒たちはリンガを生の象徴と考えました。このように仏教あるいはシヴァ教の教義的なレヴェルにおいては死と生、意味はまったく正反対なのですが、両者は共に卵を、シンボルの基本形として持っています（立川『仏はどこにいるのか』せりか書房、二〇一一年、五四頁参照）。この「卵」のシンボリズムはインドの宗教が有してきたひとつの基層として考えられます。一般的にいって世界はインドの宗教つまり仏教あるいはヒンドゥー教にとって聖なるものです。

後世のヒンドゥー教ではリンガ・ヨーニのシンボルが有名になりました（図8−21）。リンガが女性性器（ヨーニ）の上にそそり立っているというイメージのものですが、これは男性原理と女性原理の合体を意味します。このリンガ・ヨーニのイメージは仏教の仏塔に影響を与え、仏塔がヨーニの上に立つという形が後世ネパールのカトマンドゥ盆地においてはしばしば見られるようになりました（図8−22）。仏塔が、シヴァのリンガと共通する要素、すなわち卵という共通のイメージを持っているからこそヨーニの上に立つ仏塔がつくられるようになったと考えられます。

仏塔が世界という象徴意味（シンボリズム）を有していることはすでに述べましたが、仏塔が表す世界は聖なるものです。元来、仏塔はブッダの涅槃のシンボルでしたが、時代とともに仏塔は世界のシンボルでもあり、またブッダの身体をも意味するようになりました。このように仏塔には三重の象徴意味があるのです。

仏教においては世界を創造するような実在的神の存在は認められていません。インド初期仏教において世界は聖なるものではなかったのですが、大乗仏教、特に密教において世界は聖なるものとしての意味を有しました。このようにネパールやチベットの仏塔は世界を超越した涅槃のシンボルであると同時に世界そのもののシンボルともなったのです。

第九章　現代仏教の世界観

これまでにわたしたちは大日如来がしばしばマンダラの中尊として表現されてきたこと、さらにはマンダラが世界を意味していることを見てきました。マンダラは世界に付与された意味のシステムなのです。ところで、世界は広義のマンダラであり、マンダラは仏教史の中で「聖なるもの」としての意味が与えられてきた、と主張するにしても、それが現代社会において具体的にどのような意義を有するのでしょうか。

ゴータマ・ブッダが創造神ではないように、大日《だいにち》も阿弥陀《あみだ》も世界の創造者ではありません。仏教は「創造神」の存在を認めないが世界が聖なるものである、と主張してきました。大日如来とはこの世界を内から浄化する力であると思われます。その力とは人間が世界に付与する意味に他なりません。その力は空《くう》思想が培ってきたものです。

大日が何であるかを知るためには、まず「世界」がどのようなものであるかを明らかにせねばなりません。ここで「世界」と呼んでいるものは、「自分の心の世界」というような世界をも指すのですが、銀河系があり、地球があり、そして自然があるというような宇宙をも含みます。「仏教は一人一人の心の問題に関わるのであるから地球とか自然とかは仏教が関わるべき問題ではない」と考える人もいます。しかし、今日の時代状況にあってわたしたちはそのような古代的思惟の段階に留まることはできません。

大日如来と世界との関係を考える際、わたしは次の五つの側面から考えるようにしています。

1　自己否定の行為が必要である。
2　自己否定の行為はどこかで転回点を迎え、肯定される。
3　外的世界は実在する。
4　大日如来は世界に対する意味付けの結果である。
5　聖なる世界に向けての空の実践が必要である。

以上の五点それぞれについて考えて見ます。

1　自己否定の行為が必要である

精神的救済を求めるすべての宗教行為にとって自己否定が必要です。否定行為の「手」がどのような対象に対して、どの程度まで及ぶのかは、個々の宗教によって異なります。ヒンドゥー教の一般のプージャー（供養）にあっては、信者が犠牲として差し出すものは、花や果実にすぎません。しかし、供物としてヤギなどの家畜を差し出す場合には、犠牲は花や果実よりは大きくなります。さらに、自らの身体の部位を焼く焼身供養にあっては、その犠牲はヤギなどよりも「より大きく、重い」ものです。

それぞれの宗教行為の特質は「否定の手の及ぶ対象の範囲と程度」の観点から見ることができます。ドイツの社会学者マックス・ウェーバーが指摘するように、プロテスタンティズムにあっては怠惰、浪費、不倫などに対して「否定の手」が及んだのであって、労働にいそしむことや財を貯蓄することに対してではありませんでした。一方、ヒンドゥー教や仏教において個々人の悟りあるいは救いが追及される場合には「否定の手」は自己のあり方のすべてに及びます。ヨーガにおいて雑念を捨てるとか、浄土教において「はからいを捨てる」というような場合には、行者あるいは信徒のそれまでの精神世界あるいは自我のすべてが否定されるのです。

ここにいう「否定の手」はただ個人の行為のみに対してではなく、共同体のあり方や時代における潮流にも向けられるべきものです。例えば、特に近代以降、途切れることなく続いてきた人間たちの欲望の増大とその実現に向けての邁進に対してわれわれは反省という意味での「否定」を行う必要があります。それは現代文明を破壊することでもなく、アナーキズムに走ることでもありません。人類の末永い持続可能な生存のための「反省」なのです。

現代における空思想の「否定の手」は、外的世界の実在性を否定する方向に延びるのではなくて、人間たちの増大する欲望の制御にこそ向けられるべきです。以上に述べたような「否定の手」によって後に述べる「聖なる世界に向けての実践」が行われるのです。仏教の伝統にしたがって、「否定の手」が過度の煩悩にも向けられることはいうまでもありません。

2　自己否定の行為はどこかで転回点を迎え、肯定される

宗教実践においてはどこかの場面において許されるところがないと、人は自暴自棄になったり自殺したりします。宗教では、自己否定を続ける内、どこかの時点でその自己否定の行為を許すあるいは肯定する力が「外側から」働きます。それが神による——と考えられる——のか、あるいはどのような原理によるのかはそれぞれの宗教によって異なります。自己否定を続けて

いる人がどこかで「これでいいのだ」という時点、すなわち、自分の否定行為が許されたと感じる時点があります。もっともその許しの後で、自己否定が行われないわけではありません。自己否定は続けて行われるのです。

ほとんどすべての宗教において悟りとか、救いとかの決定的な瞬間があると伝えられてきました。ゴータマ・ブッダが悟りを開いたとき、法然《ほうねん》や親鸞《しんらん》が救いを確信した時など、多くの宗教的先達がかの転回点に達したといわれています。転回点に達した後の先達たちのほとんどが社会の中で活動を続けました。

このような宗教行為の軌跡については、すでに本書第一章においてABC三点の図を用いて考察しています（第一章図1―6参照）。かの図においてAからBに至る場面においては自己否定的実践が主であり、BからCに至る場面ではかの自己否定的実践に対して「許し」が与えられています。親鸞や道元《どうげん》といった巨人ではなくとも、どんな人にも小さな悟りあるいは頷きの経験があると思われます。このように宗教実践には否定的な側面と肯定的な側面があります。肯定的な経験の後も引き続き否定と肯定が繰り返されていきます。

3　外的世界は実在する

仏教のほとんどの学派は外的世界が個人の心から独立して存在しないと考えてきました。従来の仏教の学派、特に大乗仏教にあっては、外界の世界は心が作り出したものであって実在はしない、と主張されてきたのです。大乗仏教が始まる前には部派仏教が成立しており、部派仏教の教説は一般にアビダルマ教学と呼ばれています。部派仏教の中の有力な学派は説一切有部《せついっさいうぶ》です。この学派の教学は『倶舎論《くしゃろん》』の中に見ることができますが、それによれば外の世界は実在します。一方、大乗仏教はおおむね外の世界は実在していないと考えています。

インド大乗仏教においては、般若経典群などの経典が空思想を説き、龍樹《りゅうじゅ》や彼の後継者たちも空思想を提唱しました。しかし、八世紀末頃までに空思想はその創造的展開を止めたと思われます。というよりも、インドの空思想は龍樹以来、根本的には発展がなかった、つまり、当時の歴史的状況に充分対応できなかったというべきかもしれません。

思想には時代が変わっても変わらない側面と時代が変われば対応せざるをえない側面との両方がありますが、思想にとってはその時代時代に対応していくものという側面がより重要だと思います。空思想も仏教史の中で変化してきました。いささか大雑把な言い方ですが、時代を経るにしたがって、空あるいは空性《くうしょう》は存在するものであるいは実体的なものであると考えられてきました。特に中国仏教においては空はしばしば世界の根源である元に近い意味で用いられています。日本では空の否定的な意味は影をひそめ、肯定的側面が重視されました。例えば、『般若心経《はんにゃしんぎょう》』の「色即是空《しきそくぜくう》、空即是色《くうそくぜしき》」という句に見られる空は実相《じっそう》、つまり肯定的な意味でしばしば解釈されてきました。

一四、五世紀のチベットではツォンカパが空の解釈を変えました。彼が開いたゲルク派では彼の空理解が大乗仏教における空の基本的理解として今日に至るまで受け入れられています。インドの空思想にあっては空とは「自性を欠いていること」であったのですが、ツォンカパは「自性ではないもの」と解釈しました（立川『空の思想史』講談社、二〇〇三年、二一五頁参照）。その結果、インドの空思想では空なるものとは見做されないものの多くが、彼の理解では空なるものと見做されるようになったのです。恒常不変の実在ではなく、縁起の理法によって存続しているもの、たとえそれが世間一般の目には存在するものと映ろうとも、すべて空なるものと理解されました。ツォンカパの理解をそのまま現代において踏襲することはできないとしても、われわれにとって有益なヒントを与えてくれます。

インドでは七世紀中葉頃、ヒンドゥー教の勢力が仏教のそれを凌ぐに至ったのですが、その後の中観《ちゅうがん》哲学者たちは当時すでに始まっていたイスラム教の進出、信者たちの職業と仏教思想との関連、財産私有に対する人々の欲望の増大、社会の中で増大する儀礼への欲求などについて対応することはほとんどできませんでした。イスラム教勢力は、七、八世紀からインドで着実に増大し続け、一三世紀初頭には北インドにおいてイスラム王朝が出現します。

もともと仏教は出家僧を対象にしていた宗教でしたから、一般の人々たちの生活や信条との間には乖離がありました。時代が下るにつれて、財産私有、土地所有などの問題に関していろいろな欲望が一般社会の中で起きてきました。人々の生活が豊かになるにつれて儀礼を人々は要求するようになります。例えば、子どもの誕生祝いや成人式、葬儀などの人生の節目に際して人々は儀礼を以前よりは盛大に行いたいと願うようになったのですが、そのような要請にたいして当時の仏教僧たちは消極的にしか対応しなかったと思われます。一方、ヒンドゥー教僧侶は一般社会におけるさまざまな儀礼に積極的に関わりました。このようなことも仏教が徐々に社会から離れていった原因の一つでしょう。

そういった社会の状況にもかかわらず空思想を提唱する仏教僧たちは世界の構造に関する体系的理論を発展させることもなく、一般社会における儀礼の重要性を真剣には考慮しませんでした。龍樹の思想はけっして虚無主義に終わるものではなく、彼自身も「言葉という世界のよみがえり」（仮説）についてで語ってはいるのですが、世界の構造について積極的に語ることはありませんでした。そして、龍樹から幾世紀も経ちますと人々は龍樹の方法では満足できなくなってしまったのです。

龍樹の後、世親《せしん》が唯識《ゆいしき》思想を確立します。唯識学はヨーガ行派とも呼ばれていて、一種のヨーガを提唱する学派です。人間の身体および心、つまり周囲世界は八つの認識によって構成されているのだという前提のもとに唯識的ヨーガを実践します。

唯識思想において自己は、八つの識からなる統一体と考えられており、どちらかといえば閉じられたものでした。この説にあっては社会における他者、他国、他民族はほとんど視野に入っていませんでした。社会、他民族といったテーマを考える際には複数の個体あるいは行為主体が考えられていなければなりません。しかし、今述べたような唯識のような立場では、われわれが直面している世界に対処することはできません。運動体としての自然も意識されているわけではありませんでした。

唯識説は心作用の統御としての古典的ヨーガ理論の延長上にあるのであって、社会科学的あるいは自然科学的世界観の樹立を目指していたわけではありません。今日のわれわれに必要なのは、社会科学的あるいは自然科学的世界観を見据えながらも、人類のあくなき欲望の追及を統御できる思想なのです。このような思想を唯識説に基づいて構築することは難しいでしょう。

唯識説は八識によって構成される「閉じられた自己」としての世界を考察しますが、空思想は「閉じられた自己」の存在を否定します。したがって、空思想は世界全体を視野に入れることができます。空思想に特有の「否定の手」は「閉じられた自己空間」を超えて他者および社会にも伸ばすことが可能です。

龍樹や世親は外的世界が実在するとは考えませんでしたが、今日では、外的世界がどのような意味においてであれ実在すると考えざるをえません。大乗仏教が外界を認めなかったから仏教者はその伝統から出てはならない、とは今や誰も考えないでしょう。現代思想としての仏教は外的世界の実在性を認める立場に立つべきだと思われます。

自然という運動体、人類の歴史なども個々の人間の心を離れて実在します。わたしが見ていると思う世界は、わたしが目や耳で情報を得て構築して世界像を再構築しているものです。実在する世界に関してわたしという一つの生物学的生命体がそのような情報を有しているにすぎません。わたしという個体は今述べたような実在の世界の一部ではありますが、今自分が「わたし」として認識している個体が消滅しても外的世界は存続します。

4　大日如来は世界に対する意味付けの結果である

大日如来は世界と深い関係にあります。この仏は世界そのものではありませんが、世界に対する意味付けであります。というよりも意味付けされた世界というべきでしょう。大日如来と

世界あるいは自然との関係をわたしは次の二つのレベルにおいて考察したいと考えています。その二つとは、

（1）自然の生命活動の理解のレベル

（2）生命活動に対する意味付与のレベル

の二つです。

第一のレベルとは、今日までに自然科学によって明らかになった世界を宗教的意味を付与することなく理解するレベルです。第二のレベルにおいては、第一のレベルで明らかになったシステムに対して宗教的あるいは神学的な意味付けがなされます。

ここで人間の歴史のレベルについて簡単に触れておきます。人間の歴史は（1）と（2）の二つのレベルに関係します。歴史は人間による外界に対する意味付けを離れて語ることはできませんが、人間の歴史は単に意味付与のレベルの所産ではありません。人間の歴史には外的世界の実在性に依拠する側面があるからです。歴史の考察は次の機会にまちたいと思います。

（1）自然の生命活動の理解のレベル

宇宙が運動体であることは否定できません。しかし、その運動がヒトというい わゆる生命体の永続的な生存を目的としたものであるとはかぎりません。いうまでもなくヒトすなわちわれ

われが生きていくことは、今述べた宇宙の、あるいは地球上の生命体活動の一環です。われわれが生まれて来た時にはすでにわれわれに肉体が与えられています。

今日、われわれは生命体の遺伝的メカニズムをも自らの手で変更する技術をすでに得ています。その技術はすでに穀物のレベルではかなり進んでいます。最近ではヒトの遺伝子にも変更が加えられ始めました。

生命体のみならず宇宙に存在するほとんどすべてのものが変化しています。この限りにおいては「すべてのものは無自性である（恒常不変の自体を欠いている）ゆえに、空なるものである」という空思想の「第一の基本」と軌を一にします。もっとも空思想には対象を見る主体に対しても「否定の手」をのばすという「第二の基本」がありますので、この点に関しては自然科学的世界観とは異なります。

われわれは自然という概念をよく用いますが、樹木や動物の総体を統一的運動体（あるいは生物学的生命体の集合）として認識して「自然」と呼ぶようになるのは最近のことです。「自然に」という表現を近年われわれは人の意識的な加工を加えないで、というような意味に用いています。この場合の「自然」は、先に述べた統一的運動体を直接的に指し示しているわけではありませんが、人の手を加えないままに育つものというものとしての「自然」を踏まえていることは否定できません。親鸞は『教行信証《きょうぎょうしんしょう》』の中で自然《じねん》という語を八〇回以上用いていますが、「はからいを捨てた救いの境地」という意味で用いており、われわれがここで扱っている自然には関わっていません。

自然生命活動がどのような意図のもとに行われているのかを、おそらく人類は永遠に知ることはできないでしょう。そもそも「意図」という概念をこの際用いることができるか否かも疑問なのです。

自然科学は、「生物学的生命体が何らかの目的を持っている」という前提を採用しません。もっとも生命体が自らの生命を維持しようとしているという事実にはわたしたちは期待します。自然科学によって得られた知識を適用した医療行為も、当然のことながら、「正常」と思われる生命体の状態が続くことを目指して行われます。

腸の回転が異常である患者がいるとしましょう。腸の回転を「正常に」戻した後、腸は正常に機能するはずだ、という前提に基づいて医師は治療します。しかし、この場合の医療は「腸は生命を維持するという目的のために活動している」という認識にもとづいて行われるのではありません。

自然科学および現代の医療にあっては「ある器官がある目的のために活動している」という認識は斥けられます。実験あるいはそれまでの観察によって得られたデータによって「腸の回転が正常に、つまり、他のほとんどの個体の場合と同じようになれば、この患者の腸の機能が正常に働くであろう」という予測が得られます。この予測はほとんどの場合、信頼することができるゆえに、あるいは、信頼できると思われるほど確実なデータが得られた後のものであるゆえに、患者も医者も「正常な回転を有する腸は生命の維持のために働いている」と信じています。

(2) 生命活動に対する意味付与のレベル

自然自体の運動の目的を理解できるか否かは不明だとはすでに述べました。しかし、自然の中の生命体がそれぞれの生命を維持しようと努めている、と自然科学的レベルとは異なるレベルにおいて考えることは許されることでしょう。意味付与という第二のレベルにおいてはその自然に見られる生命エネルギーにたいして自然科学とは異なる方法で意味付けがなされます。

仏教的に考えるならば、その意味付けをしようとする働きおよびその結果としての意味との両者の統一体が大日如来なのだと思います。自己の生命の維持あるいは存続を願っているわれわれ人間も自然の中の生命体です。仏教タントリズム（密教）の伝統はそのような自然のメカニズムに対して意味付けを行ってきました。もっともその伝統的な意味付けは今日の状況にあってはさらに進展させる必要のあるものでしたが。

問題はどのような意味を与えるかです。密教の伝統はこの世界にマンダラとしての意味を与えました。その意味付与は、聖なるものとしての意味付けでした。では「聖なるもの」とはどのような意味なのかが問われねばなりません。

アビダルマ仏教は紀元一世紀頃には確立しており、今日でも仏教の基礎学問としては存続しています。アビダルマ仏教にとっては悟りとは煩悩を滅することでした。アビダルマ仏教を奉ずる僧たちは業《ごう》と煩悩を滅しようと努めました。山、川、樹木といった人間たちの生活の器（器世間《きせけん》）は原子（パラマーヌ）でできており、否定の対象とはならなかったのです。アビダルマ仏教にとって原子は俗なるものでも聖なるものでもありませんでした。人間たちが生活する器としての外界は宗教的電荷を帯びなかったのです。いい換えれば、アビダルマ仏教では人間（世間）とその環境世界（器世間）は聖・俗の区別と無関係と考えられていました。

マンダラとしての世界では、ほとけたちが住む器世間にも、そして人間たちが住むこの娑婆《しゃば》世界に対しても聖なるものとしての意味が与えられてきました。密教は人間（世間）とその環境世界（器世間）は共に聖なるものとしての意味を与えるのです。マンダラの中に現れているものはすべて聖なるものとしての電荷を帯びています。

またマンダラは大日如来のすがたであるとも解釈されてきました。しかし、心的世界と外的世界の総体そのものが大日如来ではありません。世界にたいする意味付けによって大日が現れるのです。マンダラとは心的世界と外的世界の総体を描いたものに他なりません。この意味においてマンダラは大日如来のすがたであるということができるのです。

ここで大日は相反するヴェクトルを有しています。つまり、大日は世界の動態に対するわれわれの意味付けなのですが、意味付けされた存在として大日はわれわれに世界に対する意味付けを促す存在でもあるのです。世界を聖化する力もまた大日の働きなのです。世界図としてのマンダラには聖なるものとしての意味が与えられますが、聖なるものとは人間が歴史の中で形成してきた意味であり、「実在の神」が人間に与えたものではありません。人が歴史の中で作り上げてきた意味の世界はわれわれが作り出したものなのですが、われわれを導くようにわれわれに語りかけているのです。

ところで、マンダラを歴史的に考察した場合、マンダラにも唯識説における自己のイメージの場合と同様の問題があることが分かります。これまでの伝統的なマンダラには「他者」が生活していないのです。世界の諸民族の存在は考えられていません。マンダラの中の神々はパンテオンと呼びうるような組織を有しているとしても、そのパンテオンは社会を表しているわけではありません。生類が住む場である自然が描かれているわけでもありません。ヒマーラヤ山脈やガンジス河も見られないのです。このような注文あるいは指摘をマンダラに対してすることは時代錯誤かもしれません。しかし、現代のマンダラは、社会、民族、自然などを含んだものであるべきなのです。

外的世界がそのままでマンダラであるというのではありません。俗なる精神的世界が空性に接して蘇った言葉が世界に対して「聖なるもの」としての意味を与えます。聖なるものとしての意味を与えられた人間（世間）とその環境世界（器世間）との統一体が現代に必要なマンダラなのです。

5　聖なる世界に向けての空の実践が必要である

では、自然に対して与えた意味をどのように実践に移していくべきでしょうか。ここで「空思想」は重要なヒントを与えてくれます。すでに述べたように、空には否定することによって何か肯定するものを生み出すという側面があります。マンダラとは否定された後の肯定の結果です。マンダラにおける人間とその環境世界の聖化（聖なる意味を与えること）は、世界を否定しながら、世界のよみがえりを目指す運動の中で見いだされます。

現代ではわれわれがわれわれの智慧によって判断しなければならないことが実に多くあります。例えば、遺伝子組み換えの技術を将来において人間がどのように用いるのかはわれわれが決めていかねばならないことです。その技術の適用をどこまで許すのか、どこで制御するのかの答えは仏教の経典に記されているわけではありません。そうなのですが、われわれ人類がこれまでになかった技術を持ってしまった今日、その技術が将来における生物学的生命体への長期にわたる影響を仏教の伝統がこれまでに積み上げてきた「世界への意味付け」という観点から考えてみることはできると思われます。

「空」の実践はまず否定からはじまります。現在、遺伝子組み換えによって救われると思われる人々が現在多数存在するという現状があることは確かです。しかし、その組み換え技術の適用が将来どのような結果をもたらすのかについてはわれわれはまだはっきりとは認識していないのです。その行為、すなわち、その技術の適用が将来何をもたらすのか、あるいはそれはヒトという生命体にとってあまりに危険なことではないのか、というように自分たちの置かれている現状とその技術がもつ危険性との両者を常に考えていなければなりません。

地球上における温室効果ガスの増加は地球温暖化に関係がない、というような意見をしばしば耳にします。そのような説の真偽を問うことはここではできません。しかし、産業革命以降、というよりもこの一世紀の間に地球環境が生類にとって大きく悪化してきたことは事実です。ヒマーラヤの氷河の量は最近、驚くほどのスピードで減ってきました。オゾン層の破壊も進んでいます。化石燃料を燃やしたことがこのような変化の唯一の原因ではないかもしれませんが、人類のこれまでの行為が部分的にせよ原因の一つであることは間違いがないでしょう。ここでわれわれは自分たちの歴史を振り返ってみる必要があります。人類は自然環境にとって危険な行為を特にこの二、三世紀の間行ってきたことは否定できません。

われわれは自分たちの行為について反省していないわけではありません。オゾン層の破壊とその対策についてみてみましょう。成層圏に地球を取り巻くように広がった薄いオゾン層には地球上の生物にとっての「有害」な紫外線を吸収する作用があります。近年、このオゾン層が人工的に作りだされたフロン・ガスなどによって破壊されつつあり、人類にとって、そしておそらくは多くの動物にとって危機的な状況が生まれています。

紫外線Bは皮膚癌や白内障、免疫力の低下、DNAの損傷を引き起こすといわれています。現在、世界では毎年二〇〇万から三〇〇万の人が皮膚癌になっており、三二〇万人が紫外線による白内障にかかっていると報告されています。植物の生育不良も起きることが予想されます。フロン・ガスは簡単には分解されることなく、今後三〇年から五〇年にわたって対流圏内に存在し続けるとのことですから、オゾン・ホール（穴）は今後も成長を続けることになります。

先進国ではオゾン層を破壊する力の強い特定フロン（CFC）は一九九五年末で製造禁止となり、オゾン層を破壊する力の比較的弱い代替フロン（HCFC）も近い未来に全廃の予定です。後進国ではCFCは二〇一〇年までに全廃、HCFCの全廃は二〇三〇年の予定です。しかし、これまでに製造されたフロンは回収・破壊の義務付けはなされていません。

ともあれ、フロン全廃に関しては人類はある程度足並みをそろえることができたようです。

これは先進国と後進国との間で事情が異なっているとはいえ、世界的に利害が一致したからでしょう。

しかし、われわれが抱えている問題の解決に関してフロンの場合のように足並みがそろうことはむしろ稀です。

現代問題になっている問題にクローン技術があります。この技術を用いるならば同じ遺伝子を有する生命体を作ることができます。つまり、3Dコピーならぬ生物学的生命体コピーができるのです。今日ではすでにコピー犬が作られています。犬の寿命は長くて十数年ですから、「好きだった犬」が亡くなった後、「前のペット」とよく似ている新しいペットを欲しいと思う人々がいるだろうことは想像できます。というよりも、実際そのような人々が存在し、ある程度の金額が払われて、すでにクローン犬が生まれているのです。クローン・ペット生産企業も存在しています。いうまでもなく、クローン犬一匹を作るために数多くの生命体「犬」が犠牲になっています。わたしは思います。クローン・ペットを諦めることはできないのでしょうかと。

そしてこの技術はもはや人間にも適用可能の段階に入っているらしいのです。クローン人間の製造は現在では禁止されているらしいのですが、「クローン人間誕生」のニュースが明日にも聞こえてくるかもしれない状況です。クローン人間製造の技術が独り歩きして、そのことが引き起こすであろうさまざまな問題に対して人類はあまりに準備不足です。というよりも、どんなに準備したとしても危険が大きすぎるのではないでしょうか。人類はこれまでなんとかやってきました。これからも生きていくためにはクローン人間製造の技術は破棄すべきでしょう。破棄する智慧こそホモサピエンスのみが有する智慧です。

クローン人間製造の技術を止めることができたとしても、今日、遺伝子組み換えおよびゲノム編集を禁止あるいは抑制することはできません。この二つはその危険性を含みつつも今日すでに一般的に適用されています。前者は生命体Aの遺伝子を生命体Bの遺伝子の中に潜り込ませるのですが、その場所はランダムで特定されません。その結果、低い確率ですが目的にかなった生命体（作物）が生まれることを期待するのです。後者の場合には、生命体Aの遺伝子の中の遺伝子を切り取り、その代わりに生命体Bの中の特定の遺伝子に入れ込むのです。この技術によって目的の作物などができる確率は遺伝子組み換えよりはるかに高く、また開発費や作業時間も短縮できるとのことです。

この二つの技術はすでにわたしたちが日常に食べている穀物、食品に一般的に使用されています。そのような技術が人間にとって安全なものであるかどうかは確かめられていません。その安全性はおそらくこれから半世紀経たなければわからないでしょう。その時点で有害だと分かってももとに戻ることはできないのです。

近い将来に日本ではタクシーは人間の運転手を必要としなくなるといいます。ロボット工学はますます進み、ホテルの受付、銀行のカウンター、学校の授業の多くの部分などはロボットが働いているにちがいありません。ロボットを伴侶として生涯を送る人も現れることでしょう。このような社会の変化は好むと好まざるを問わず、起きることでしょう。問題は情報技術（IT）が巨大化し発達した結果、人間の制御を超えることです。この杞憂はこれまでに幾度もサイエンス・フィクションのテーマとなってきました。今、わたしたちの目の前でモンスターになっているのです。モンスターを作っているのは、自然法則を知ろうとする欲望もさることながら、より多くの利潤を得ようとする大企業の欲望なのです。

これ以上、例をあげることはやめましょう。わたしが指摘したいのは、わたしたちが生きている状況はこのようだということです。ことさらに劇的な事柄を並べたのは、わたしたちは破滅に向かっているのではないかということを指摘したかったからです。個々のケースにおいて、例えば、フロン・ガスの製造禁止のように、これ以後、地道な努力を積み上げていかねばならないことはもちろんです。しかし、「欲望の制御」に人類が取り組まないかぎり、道は開けてこないと思われます。三人のブッダに包まれた世界の中における「否定の手」が必要です。

著者紹介

立川武蔵（たちかわ　むさし）

1942年、名古屋市生まれ。名古屋大学文学部卒、名古屋大学大学院中退後、ハーバード大学大学院修了（Ph. D.）。文学博士（名古屋大学）。専攻はインド学・仏教学。名古屋大学文学部教授、国立民族学博物館教授、愛知学院大学文学部教授を経て、現在、国立民族学博物館名誉教授。

1991年にアジア太平洋特別賞、1997年に中日文化賞、2001年に中村元東方学術賞を受賞、2008年に紫綬褒章、2015年に瑞宝中綬章を受章。

著書に『ブッダをたずねて』（集英社新書）、『弥勒の来た道』（NHKブックス）、『最澄と空海』（角川ソフィア文庫）、『仏教原論』（KADOKAWA）、『マンダラ観想と密教思想』『ネパール仏教』（春秋社）ほか多数。

三人のブッダ

2019年 9 月20日　第 1 刷発行

著　者＝立川武蔵
発行者＝神田　明
発行所＝株式会社 春秋社
〒101-0021　東京都千代田区外神田 2-18-6
電話　03-3255-9611（営業）　03-3255-9614（編集）
振替　00180-6-24861　http://www.shunjusha.co.jp/
装　丁＝伊藤滋章
印刷所＝株式会社 太平印刷社
製本所＝ナショナル製本協同組合

ISBN978-4-393-13438-2　定価はカバーに表示してあります

立川武蔵

ネパール密教

――歴史・マンダラ・実践儀礼

ネパールには、インドから直に伝わった大乗仏教の伝統文化が今なお生きている。その仏教の歴史をはじめ、現存する多数の寺院、観想法、日々の実践儀礼などの実態を簡潔かつ明瞭に解説する。図版総数140点。

2400円

立川武蔵

マンダラ観想と密教思想

インド・チベット・ネパール等の現地調査を通してマンダラの理論と実際を探究し、密教の実態を解明してきた著者の研究成果の集大成。サンスクリット原典に基づく金剛界マンダラの解説など、500点の図版を収録。

8000円

▼価格は税別。